L'Homme de Mars,

sa morale, sa politique et sa religion

William Simpson

Writat

Cette édition parue en 2023

ISBN : 9789359255880

Publié par
Writat
email : info@writat.com

Contenu

PRÉFACE À LA TROISIÈME ÉDITION.

TOUTE personne avancée dans la vie qui a bénéficié des possibilités de connaissance découlant de la fréquentation des hommes et des livres, et qui a tendance à aller au fond des choses par sa propre pensée indépendante, est susceptible d'arriver à des conclusions sur le monde et la société très différentes de celles que l'on peut avoir. ceux qui lui avaient été très tôt impressionnés par ses supérieurs et ses professeurs. A partir d'un soupçon, d'abord accepté à contrecœur, mais finalement confirmé sans aucun doute, il découvre qu'il a été trompé sur beaucoup de choses. Cette découverte ne suscite aucune indignation car il sait que ses premiers instructeurs ont été dans la plupart des cas eux-mêmes victimes d'erreurs d'orientation et ne peuvent donc pas être tenus responsables de la promulgation d'erreurs qu'ils avaient prises pour des vérités. Son auto-émancipation a tellement rempli son esprit d'un meilleur espoir pour l'avenir du monde et d'une plus haute opinion de ses semblables, que le plaisir et la satisfaction de la découverte l'emportent sur tous les sentiments, sauf la pitié pour ceux qui l'avaient égaré. , et si un sentiment de condamnation ou de censure lui vient à l'esprit, ce n'est que pour ceux qui vivent et prospèrent grâce à ces illusions ayant leur origine dans le passé, et dont le but principal dans la vie est de les maintenir en vie et de les renforcer. parmi la multitude.

Dans la nouvelle lumière qui lui est apparue, le monde et la société ont été transformés selon sa vision et sa compréhension. Il découvre la bonté dans de nombreux endroits où ses professeurs avaient nié son existence, et sa définition a tellement changé, selon sa vision plus large, que l'humanité semble en regorger partout, et est gouvernée par elle, et par les aspects de celle-ci qui affectent le plus la société. observe qu'elle est en augmentation, et qu'au lieu d'être comme un exotique dans un sol hostile, difficile à retenir par l'humanité, elle est perpétuée et chérie par les impulsions humaines naturelles. Il découvre également que la somme des maux dans le monde a été grandement exagérée par ses professeurs, et que les branches de celui-ci qui interfèrent le plus avec le bien-être de la société sont progressivement diminuées et entraîneront probablement leur extinction par les sanctions. de la désapprobation du public. Ces convictions font apparaître le monde comme un lieu de vie plus lumineux et meilleur. Ils lui révèlent les possibilités de son avenir et tendent à détourner ses objectifs supérieurs des voies obscures où les conduisait la tradition vers des voies plus fructueuses. La vérité lui sera enfin apparue, apportant des preuves à notre époque dont seuls les non-éclairés peuvent douter, que la superstition, au cours de nombreux siècles passés, a rabaissé le monde et a découragé l'humanité de l'améliorer, sous l'hypothèse erronée de la petite importance relative du monde dans le grand résultat ; les détails circonstanciels, dont il prétend détenir par révélation divine. Après s'être débarrassé de ces croyances par un processus de raisonnement et avec l'aide des connaissances disponibles de son temps, il arrive à la conclusion que la meilleure œuvre de l'humanité n'est pas entièrement celle enseignée par les croyances, et que son œuvre la plus divinement inspirée Les motivations sont celles qui tendent à accroître la connaissance des choses du monde, celles qui ajoutent à la somme de bonté dans la société en montrant son effet pratique sur le bonheur, et celles qui contribuent également au grand objectif d'égaliser les fardeaux et les jouissances de la vie entre tous. .

Une fois ces conclusions fermement ancrées dans son esprit, et le respect immérité de sa première formation retiré, il devient particulièrement apte à examiner ces vieilles croyances et à porter un jugement sur elles, sans cette souillure de ferveur dévotionnelle aveugle que l'enseignement ininterrompu de nombreux siècles a rendu courant dans le monde. Il observe à propos de ces vieilles croyances que, pendant leur suprématie, lorsque leur contrôle sur la société était complet et incontesté, le progrès matériel de l'humanité était minime, sans aucune condition compensatoire pour compenser les ténèbres et l'activité mentale morte qui s'étaient abattues sur elle. ; sauf cette apparente influence hypnotique des doctrines enseignées, qui rendait les hommes insouciants de leurs misères et indifférents aux choses de la terre. Il observe en outre, à propos de ces vieilles croyances, qu'à mesure que les connaissances modernes réduisent leur emprise sur les hommes, le monde s'améliore comme jamais auparavant. Même la charité, la bonté et la bonne volonté envers les hommes, adoptées et enseignées depuis longtemps comme une partie inséparable d'eux, se multiplient plus rapidement à mesure que leur poids dans la gestion des affaires humaines diminue. De ces faits bien attestés, il arrive à la conviction que les sociétés religieuses fondées sur ces croyances et qui ont travaillé pendant des siècles à les perpétuer, ou bien ne possèdent pas tous les éléments du progrès humain, ou bien, ayant beaucoup de ces éléments, ils en ont d'autres qui ont un effet neutralisant et retardateur tel qu'ils rendent le premier inutile à un tel but. Que ce soit le cas, chaque année ajoutée à son expérience de la vie lève le doute et explique à sa compréhension pourquoi les sociétés religieuses du monde ont échoué dans une large mesure à faire progresser la condition matérielle et intellectuelle de l'humanité.

Dotées d'un code moral dont chaque disposition indique clairement la méthode d'un meilleur état social, ces sociétés religieuses ont indissolublement associé dans leurs enseignements certaines croyances doctrinales, originaires d'une époque semi-barbare et chargées de superstitions, à cette hypothèse fatale. d'autorité divine qui exige leur acceptation partout et pour toujours. Des croyances d'une telle rigidité inflexible, d'une adaptation ou d'une modification impossible, et d'une intolérance à l'égard de la dissidence, en raison de leur prétendu caractère sacré, que le monde a été maintenu dans la tourmente par leurs discussions depuis leur introduction, et les leçons les plus salutaires de moralité et d'espérance spirituelle ont été été dépassé et submergé par ces discussions vaines et inutiles. Ces belles et attrayantes leçons d'amour, de bonté et de charité, illustrées et enseignées par une personnalité dont le don de génie était de voir, plus que tout autre homme, les besoins de l'humanité, ont attiré des hommes et des femmes dans ces sociétés religieuses comme les affamés. sont attirés par les magasins de nourriture. Une fois à l'intérieur de leurs lignes et imprégnés des doctrines qui y sont trouvées, ils ne voient que peu de choses dans le monde extérieur, à l'exception du mauvais esprit du schéol . Pour eux, son ombre repose sur une grande partie des affaires de la vie et, avec une obscurité croissante, sur nombre de ses plaisirs. Cela leur montre même parmi ces humanités qui sont sans leur direction ni leur signal. Ce n'est cependant que parmi ceux qui nient ouvertement leurs doctrines et leur autorité que l'esprit maléfique est vu par eux dans toute sa personnalité hideuse et malveillante, et leur mission particulière est de livrer bataille dans cette direction. Entre celui qui doute, aussi respectueusement soit-il, et ces sociétés religieuses, se dessinent leurs lignes de bonté et de charité, et avec leurs sermons d'amour et leurs protestations de bonne volonté envers l'humanité fraîches sur elles, elles sont à tout moment transformées. , en ce qui concerne leurs relations avec un sceptique, en une bande de sauvages hostiles et implacables, avec des punitions infligées, mesurées en degré par l'illumination environnante, depuis la torture barbare réelle du sauvage jusqu'au simple ostracisme social et à l'évitement.

Si le seul but de toutes les organisations chrétiennes était de généraliser les préceptes civilisateurs de leur fondateur, elles deviendraient les agents les plus puissants au monde pour le progrès humain et l'amélioration des conditions sociales, mais ces préceptes sont subordonnés par eux. , et ne sont ni valorisés ni estimés au-delà de leur juridiction. Ils ne considèrent rien comme des qualités salvatrices sans la reconnaissance de certaines doctrines et méthodes qui les accompagnent. Ces beaux sentiments de charité et de bonté, toujours si précieux au cœur des hommes, et qui le sont de plus en plus à mesure que les âges avancent, n'ont pas été adoptés ni promulgués entièrement à des fins civilisatrices, mais surtout dans l'optique égoïste de capter l'humanité aux intérêts de l'Église. Dans le même but, connaissant la tendance mystique des masses, les surnaturalismes, intégrés à ces préceptes attrayants, furent adoptés et maintenus ; mettant au monde une multitude infinie d'illusions stériles, provoquant des querelles acrimonieuses parmi les hommes, sans aucun but bon, et remplissant les pages de l'histoire d'une description de scènes qui sont une torture même pour la mémoire.

Il est donné seulement à ceux qui vivent actuellement et qui ont connu les périodes de vie les plus longues de comparer personnellement le passé avec le présent, dans la mesure où s'étend leur séjour limité dans le monde. Ils sont les témoins vivants des merveilleux changements survenus dans la société et dans ses croyances sur une courte période de deux générations seulement. Ils ont vu beaucoup de ces anciens rêves surnaturels dans toute leur puissance d'autorité, et les ont vu se faner, et finalement disparaître, sous quelque influence silencieuse, après que l'argumentation et la raison se soient épuisées en vain contre eux. Ils ont écouté ces expositions hebdomadaires d'horreurs infernales, communes autrefois dans toute la peur et le tremblement de l'enfance, et ont été témoins plus tard des théories et des croyances qui les inspiraient, ainsi que de nombreuses autres également odieuses à la raison, reléguées au silence et inutilisés, car les meubles vétustes et usés, qui ne sont plus utilisables, sont jetés à la poubelle. Il y a seulement deux générations, ils ont vu la littérature des églises dans des livres reliés en cuir occuper les étagères les mieux remplies et les plus faciles d'accès des bibliothèques, et maintenant abandonnées dans la poussière des caves ; aucun n'est retenu pour référence, et même leurs titres sont oubliés. Ils ont vu, en leur temps, les griffes de la superstition obligées de relâcher leur emprise sur de nombreuses entreprises humaines dignes de ce nom. Ils ont été témoins du triomphe de la science dans ses nombreuses escarmouches avec la tradition et ont été des spectateurs intéressés alors que faisait rage la fameuse bataille de l'évolution. Ils l'ont vu du début à la fin, et le spectacle amusant de sa fin, lorsque la théologie, métaphoriquement parlant, a tiré hors de la poussière son corps meurtri et tremblant ; et essuyant le sang de son visage pâle et troublé, il déclara sans rougir, comme il l'avait déjà fait lors de toutes les situations similaires auparavant, qu'il n'y avait pas eu de conflit.

Avec tout cela, et au cours de leur propre époque de deux générations seulement, ils ont vu le monde s'élever vers de tels prodiges d'avancement, de telles merveilles de charité pratique et de telles activités dans la poursuite de la connaissance, dans une succession si rapprochée et si rapide qu'ils les ont remplis. avec perplexité et émerveillement, et ils reconnaîtront, du moins ceux d'entre eux qui réfléchissent à la question, qu'après d'innombrables conflits, des revers et des suppressions, les méthodes scientifiques ont prévalu sur les méthodes théologiques et sont à l'œuvre dans toutes les gloires de leur triomphe, et que les modes de pensée anciens sont enfin maîtres du monde civilisé après près de deux mille ans de bataille. Le fil de la civilisation a été repris et recollé à son point de rupture il y a seize siècles. Toute cette activité dans la construction de routes, de ponts et d'aqueducs, ce creusement de montagnes et de rivières, cet effort pour mettre à la disposition de l'homme tous les éléments de la nature, cette recherche infatigable d'augmenter le confort et les commodités de la vie, cette recherche plus élevée le respect du pur savoir profane, peu importe où il peut conduire, ce détournement de l'art des seules fins d'expression religieuse, vers une exposition de la nature sous toutes ses belles formes, cette plus grande tolérance de l'opinion, ce retour à la terre en bref , après une longue période de chasse aux fantômes dans les nuages, n'est ni plus ni moins que le renouveau du paganisme. Mais le paganisme, avec ses brutalités, a été filtré, et les meilleures et seules parties civilisatrices du christianisme , son espoir d'immortalité, ses leçons de vertu, sa fraternité et son socialisme ont été retenus, les superstitions du paganisme ont été enterrées à jamais, et celles du christianisme ont progressivement disparu les unes après les autres. un dans leurs tombes.

Lui, qui a aujourd'hui soixante-dix ans, se souvient de l'époque où le bruit du silex et de l'acier était un prélude nécessaire au feu du matin, de l'époque où le feu ouvert avec sa grue et ses crochets était la seule ressource pour se réchauffer et cuisiner, lorsque le La plus grande ville du continent américain était dépourvue d'égouts et de conduites d'eau, à l'époque où un bateau à vapeur était une merveille que les curieux contemplaient et des océans inconnus, à l'époque où les chemins de fer étaient au stade expérimental, où la croyance selon laquelle des fantômes voltigeaient dans les cimetières était dépassée. incontestée et indéniable, lorsque l'on disait que Satan avait envahi la terre en personne, sa présence était sérieusement considérée et expliquée par de nombreuses églises, lorsque la sorcellerie, seulement en train de mourir mais pas encore enterrée, avait de nombreux adhérents dans une défense animée . , alors que les expériences électriques de Franklin étaient considérées en certains endroits comme une plaisanterie d'un infidèle avec l'esprit du mal, peut mieux apprécier, par la comparaison que permet la réminiscence, ces merveilleux changements dans la pensée et l'accompagnement significatif d'une activité mentale accrue. dans tout ce qui profite à la race. Les relations étroites manifestées au cours de cette période relativement brève entre la croissance du rationalisme et ce mouvement accéléré tout au long de la ligne de la science, du savoir et de tout ce qui tend à placer l'humanité sur un plan plus élevé, sont plus qu'une simple coïncidence. C'est l'opération de cause à effet, mieux comprise et reconnue après un examen plus approfondi.

L'éclatement, pour ainsi dire, au cours de ce siècle, des énergies unies de l'humanité dans la direction de la connaissance, est une expansion après la suppression d'une pression qui pesait sur eux depuis des siècles. Ces grandes choses que les hommes ont accomplies ces derniers temps, ils en étaient capables il y a des siècles, et il n'est pas surprenant qu'ils n'aient pas fait de plus grands progrès jusqu'à récemment, quand on estime le poids des forces opposées. Pendant des siècles, rien n'avait été plus décourageant pour la formation des espoirs et des ambitions scientifiques que les méthodes de pensée théologiques et l'atmosphère qui les entourait. Plus cette atmosphère était saturée des doctrines des églises, plus elle était repoussante pour tout effort intellectuel vers les choses extérieures, et en particulier celui qui exigeait un tel monopole d'énergie mentale et d'attention qu'il interférait avec les idées chrétiennes de dévotion constante et incessante. . Il n'existait aucun champ cultivé, durant les mille ans de juridiction suprême de l'Église, où une ambition scientifique indépendante pût germer. Au sein de l'Église, une telle ambition était impossible. Ce n'était pas seulement contraire à l'esprit, mais à la lettre même de ses enseignements. Son fondement a été posé par sa victoire sur la science, au cours de laquelle elle a proclamé l'assistance et l'autorité divines. Il possédait déjà une connaissance de tout ce qui concerne la terre et le « firmament » au-dessus d'elle, que le Tout-Puissant désirait que les hommes connaissent. La terre n'était pas ronde, elle était le centre de l'univers. Elle restait immobile tandis que le soleil se déplaçait quotidiennement sur sa surface, revenant chaque matin à sa place avec l'aide des anges. L'arc-en-ciel était un signe placé dans le ciel dans un but précis. Chaque phénomène naturel connu était expliqué par des références scripturaires. La méthode de création du monde et l'origine de l'homme et de la femme également, l'Église les possédait dans les moindres détails. Au moment où la véritable science commençait son travail et se heurtait à ce fonds de connaissances, supposé avoir été fourni par le Tout-Puissant, les ennuis commencèrent. Mais le problème ne venait pas uniquement de l'honnête enquêteur. Si sa découverte tendait à réfuter ce qui était connu comme la vérité scripturaire et avait par inadvertance réussi à gagner l'attention du public, chaque prélat de l'Église commença à s'ingénier à la réfuter. Une nouvelle opportunité de gloire s'ouvrait à tout théologien ambitieux, et aussitôt commença en réfutation un tourbillon de textes et un style d'argumentation métaphysique, d'un bout à l'autre de l'Église, qui restent à ce jour comme les curiosités les plus remarquables. de raisonnement sinueux et de pensée contrainte enregistrés. Toutes les questions de caractère scientifique n'avaient qu'une seule méthode de règlement : étaient-elles autorisées ou niées par l'Écriture ? S'il était refusé, comme c'était habituellement le cas, le perturbateur était soit brûlé vif, soit obligé de se rétracter. La renommée, principal stimulant de tout effort élevé, n'offrait aucune de ses récompenses en dehors des cercles théologiques, et pendant les dix siècles de suprématie totale de l'Église, tout progrès dans la connaissance qui n'éveillait pas l'animosité des théologiens suscitait moins d'attention et d'applaudissements du public que l'usure. d'un cilice ou d'une couronne d'épines. Pendant mille ans, l'Église avait maintenu le monde endormi dans les ténèbres de la barbarie et de la superstition, punissant de mort ceux qu'elle ne parvenait pas à convaincre. Tout sceptique quant aux croyances généralement acceptées, qu'elles soient religieuses ou scientifiques, et qui peut étayer sa position par des arguments plausibles , a au moins le droit d'être considéré comme un penseur. Le départ constant de chacun d'eux, pendant un mandat compté par siècles, ne pourrait avoir d'autre effet que de réduire la moyenne de vigueur intellectuelle dans l'ensemble. Le laboureur, qui enlève de ses acres de céréales en croissance les tiges les plus hautes et les plus lourdes, et au lieu de les conserver pour les semences, les détruit, assure, avec le temps, le malheur des champs nains et des récoltes diminuées. L'Église, depuis sa victoire complète sur le paganisme au quatrième siècle, n'a pas produit, avec son contrôle suprême sur tout le savoir, un seul homme de science remarquable, ou promettant de l'être, qu'elle n'ait ni réprimé ni torturé à mort, ni même quelqu'un qui ait promis de l'être. un peintre ou un poète qui n'avait pas consacré son génie principalement à la superstition ou à la sensualité, pas un historien dont la véracité ne soit mise en doute, et pas un seul homme de lettres imposant. Cela aussi chez un peuple parmi lequel se mêlaient les descendants des maîtres grecs de la littérature et de la philosophie. Lorsque, il y a environ quatre siècles, le savoir séculier et la libre pensée commencèrent leurs premiers progrès ouverts depuis l'époque païenne, l'Église, trouvant dans chacun de ces mouvements quelque perturbation de ses traditions, et ne tenant aucun compte de leur bénéfice pour l'humanité, concentra tous ses pouvoirs sur elle. supporter leur suppression. Ce faisant, il poursuivit la même politique cruelle qu'il avait adoptée lors de conflits antérieurs. Ces cruautés et ces intimidations étaient pratiquées à une époque où, au sein de l'Église, des corruptions des plus flagrantes étaient ouvertement perpétrées ; ce qui, ensemble, a relâché son emprise sur les consciences des hommes et a rendu possible cette révolte et cette division connues sous le nom de Réforme, au début du XVIe siècle. À mesure que nous nous rapprochons de notre époque et que nous sommes confrontés à des conditions théologiques qui ne sont pas encore entièrement supprimées, un peu plus de détails s'imposent.

Le quart de siècle précédant et le siècle suivant la Réforme furent une époque remarquable dans l'histoire du monde. Cela a été souligné partout comme une lutte désespérée et continue des hommes de science pour dissiper les ténèbres qui ont si longtemps enveloppé le monde chrétien. L'art de l'imprimerie, alors récemment découvert, et qui venait tout juste d'entrer en vigueur, et les pensées des hommes ainsi communiquées de l'un à l'autre avec une facilité jamais connue auparavant, eurent pour effet de susciter partout des activités mentales. À partir d'une charge partiellement libérée, les hommes commencèrent à explorer des domaines scientifiques qui avaient été interdits, et un grand mouvement de connaissance positive commença. Les hommes les plus éclairés de l'époque passèrent à la Réforme, et s'ils avaient trouvé au sein de ce corps l'abri et les encouragements qu'ils méritaient, le XVIe siècle et celui qui suivit auraient été la période la plus brillante qu'on ait connue, hormis la nôtre. pour les découvertes scientifiques et le progrès du monde. Une telle conclusion est justifiée par la prise en compte des merveilleux hommes de génie qui sont venus au monde à cette époque et qui, malgré toutes les restrictions et limitations imposées par les deux Églises, ont posé des fondations si nouvelles en matière de vérité et d'érudition que rien n'a été fait. devait être réalisé par des ouvriers ultérieurs dans les mêmes lignes, mais en s'appuyant sur eux. Buffon, que l'on peut à juste titre appeler le père des sciences naturelles, doté de pouvoirs de recherche et de dons pour présenter des résultats montrant un génie d'un ordre élevé, par sa simple déclaration de vérités qui sont aujourd'hui des truismes en science, a été entraîné par les dirigeants de la Réforme, et contraint de se rétracter publiquement et d'imprimer sa rétractation. «J'abandonne dans mon livre tout ce qui concerne la formation de la terre, et généralement tout ce qui peut être contraire au récit de Moïse.» Linné, fondateur d'un système scientifique en botanique et découvreur du sexe chez les plantes, était constamment gêné et contraint dans ses pensées par les menaces de la Réforme. Un prétendu miracle de transformation de l'eau en sang apparut à proximité, et après l'avoir examiné attentivement, il rapporta que la rougeur de l'eau était causée par des masses denses de minuscules insectes. Lorsque la nouvelle de cette explication parvint aux oreilles de l' évêque protestant , il dénonça cette découverte scientifique comme un « abîme satanique ». "Quand Dieu permet qu'un tel miracle se produise", dit-il, "Satan s'efforce, tout comme ses outils impies et mondains, de faire en sorte que cela ne signifie rien." Descartes, fondateur de la philosophie moderne et classé parmi les plus éminents mathématiciens de son époque, pourtant, sa crainte constante d'être persécuté par le protestantisme l'a amené à voiler ses pensées et à les supprimer lorsqu'elles menaçaient d'interférer avec les croyances théologiques. Leibnitz, le grand penseur qui fut si près de la découverte de l'évolution, Spinoza, et plus tard Hume, Kepler, Kant, Newton et bien d'autres, que le manque d'espace empêche de mentionner, auraient probablement fait beaucoup plus pour la science si la théologie ne l'avait pas fait. L'atmosphère des églises chrétiennes était si peu propice.

La véritable histoire de Galilée, la honte monumentale du christianisme, ne peut être racontée sans impliquer les plus jeunes dans l'Église la plus âgée. La Réforme a assisté avec complaisance et approbation à ce crime. C'était en totale conformité avec ses croyances et ses méthodes. Le système copernicien, pour l'adoption duquel Galilée fut persécuté, fut dénoncé avec autant de vigueur et d'amertume par les protestants que par les catholiques. Luther dit : « Les gens prêtèrent l'oreille à un astrologue parvenu, qui s'efforçait de montrer que la terre tournait, et non le soleil et la lune. Cet imbécile souhaite réviser tout le système d'astronomie, mais les Écritures sacrées nous disent que Josué a ordonné au soleil de s'arrêter, et non à la terre. La rétractation de ce vénérable savant, épuisé par l'emprisonnement et le chagrin, et craignant la torture et la mort, est la suivante : « Moi, Galilée, étant dans ma soixante-dixième année, étant prisonnier à genoux devant Vos éminences, ayant sous les yeux le Saint Évangile, que je touche de mes mains, j'abjure, je maudis et je déteste l'erreur et l'hérésie du mouvement de la terre. Comme la sphéricité de la Terre a été suggérée par Aristote et que son mouvement a fait l'objet de discussions sérieuses de la part des théologiens depuis des siècles, nous croyons opportun de transcrire ici l'argumentation de l'un d'eux, formulée il y a longtemps il est vrai, mais néanmoins un bon échantillon des méthodes de pensée théologiques. Il est copié d'un livre écrit par un certain Scipion Chiaramonti et dédié au cardinal Barberini . « Les animaux qui bougent ont des membres et des muscles, la terre n'a ni membres ni muscles, donc elle ne bouge pas. Ce sont les anges qui font tourner Saturne, Jupiter, le Soleil, etc. Si la terre tourne, il faut aussi qu'elle ait un ange au centre pour la mettre en mouvement ; mais seuls les diables y vivent ; ce serait donc un diable qui donnerait du mouvement à la terre. Toutes les branches de l'Église protestante ont condamné la théorie du mouvement de la Terre. Calvin a demandé : « Qui oserait placer l'autorité de Copernic au-dessus de celle du Saint-Esprit ? » Wesley a également dénoncé la nouvelle théorie, la déclarant « tendre vers l'infidélité ». Les grands hommes qui se manifestaient dans leurs efforts pour faire progresser la connaissance empiétaient inévitablement sur de nombreuses « vérités des Écritures » et les deux Églises étaient également engagées dans leurs efforts pour les supprimer, par la discussion si possible, mais sinon, par le feu et le bûcher . . L'Église protestante, qui a toujours revendiqué des lumières particulières, rivalisait avec les autres dans sa guerre cruelle et acharnée contre ce que l'on appelle parmi les Églises l'hérésie, dont la bonne définition est la raison et le bon sens. Nous avons dit que le cas de Galilée était la honte monumentale de la chrétienté ; le cas de Servet était un crime monumental dont le protestantisme seul devait répondre.

La persécution de Michel Servet par Jean Calvin, l'un des dirigeants de la Réforme, fut l'un des exercices d'autorité religieuse les plus injustes et les plus inhumains que le monde ait connu. Il y avait dans cette tragédie du bûcher de nombreux aspects qui sortaient de l'ordinaire. La victime était un homme au caractère irréprochable, doté d'un grand savoir et d'un scientifique doté d'un génie pour l'investigation. Il était un praticien de la médecine expérimenté, profession dont il tirait ses revenus. Il avait fait quelques progrès dans la science médicale, se rapprochant si près d'une découverte de la circulation sanguine que c'est fort probable, mais pour sa mort prématurée, il l'aurait atteint à la place d'Harvey, plusieurs années plus tard. Son esprit actif l'avait amené à consacrer une grande partie de ses loisirs à l'étude de la théologie et, travaillant sur ses problèmes, il s'efforçait de concilier un certain nombre de croyances et de doctrines orthodoxes avec les connaissances scientifiques de son temps, sans les combattre ni tenter de les atténuer. leur destruction, mais en changeant le sens des mots, pour les rendre apparemment conformes aux éléments connus de la vérité. Il était un ardent partisan de la Réforme, un ami et un admirateur de Calvin, et il commença et entretint pendant quelque temps une correspondance avec lui, en vue d'obtenir ses conseils et son soutien. La modification proposée, au sens des textes scripturaires, ne fut pas accueillie favorablement par Calvin, et les deux furent entraînés dans une controverse qui devint finalement acrimonieuse. Le monde, à présent, partiellement remis de sa longue période de raison hypnotisée, est capable d'apprécier le peu de valeur des questions qui ont occupé ces deux hommes et qui ont conduit l'un à frapper l'autre à mort, et il est également capable de jugez combien Servet était en avance sur son adversaire dans leurs discussions.

Calvin soutenait que, selon les instructions de Dieu, à travers la Bible, un enfant mourant sans baptême ne pouvait échapper aux tortures de l'Enfer, localité décrite par la même autorité, comme un lieu d'horreurs, de brûlure sans fin au milieu de feux sulfureux , de une soif sans fin , et « des pleurs, des gémissements et des grincements de dents » pour tous les temps à venir. Servet exprima ses doutes quant à la justice de ce traitement infligé à des enfants sans péché et tenta de montrer que cela n'était pas autorisé par le Livre sacré. Il a également nié la doctrine de la Sainte Trinité, telle qu'elle était communément reçue. Il ne niait pas une sorte de Trinité dans l'unité de Dieu, mais estimait qu'il s'agissait simplement de distinctions formelles et non personnelles dans l'essence divine et que, comme on le comprend généralement, c'était un rêve et une invention de l'essence divine. Pères de l'Église. Il affirmait également, de bonne autorité, qu'il existait une doctrine chrétienne avant l'adoption des légendes hébraïques ; que ces légendes ne sont devenues partie intégrante de l'Église que près d'un siècle après que le grand professeur de morale ait connu sa mort cruelle. Il s'approcha aussi autant qu'il l'osa d'exprimer sa croyance que le Fils n'était qu'un homme, avec l'inspiration divine dans une large mesure. Des idées aussi avancées que celles-ci, affirmées avec la fermeté de la conviction et appuyées par des arguments irréfutables, furent la cause de sa perte.

Calvin, à cette époque, était à la tête d'une Église déjà puissante. Il la gouvernait avec une volonté autocratique et, sur toutes les questions de croyances doctrinales, il était la dernière cour d'appel. Il avait depuis longtemps accepté l'hommage de ses disciples, comme étant choisis par le Tout-Puissant pour leur direction spirituelle, et, avec la faiblesse commune de l'humanité, il est devenu arbitraire et despotique dans sa gestion des affaires de l'Église. Il était toujours prêt à conseiller et à diriger, et dans ses premières lettres à Servet, il faisait preuve d'argumentation tout en niant ses doctrines. Servet lui répondit, non avec cette déférence que son adversaire recevait habituellement, mais dans tout l'esprit d'un débat sérieux. Rien de plus exaspérant pour Calvin n'aurait pu se produire, et pour couronner le comble de l'affront, son adversaire, un simple laïc, publia un livre « Le christianisme restauré » exposant ses vues avancées et, avec une témérité imprudente, en envoya un exemplaire au réformateur. La controverse entre eux a immédiatement dégénéré en récriminations et abus mutuels. La colère de Calvin s'éleva à blanc, quand il vit les erreurs et les blasphèmes, tels qu'il les considérait, et qu'il avait vainement cherché à combattre, confiés à la page imprimée et répandus sur le monde. Outre le prétendu contenu hérétique du livre, il se trouva pris à parti, déclaré erroné et ses doctrines les plus chères controversées. Mais il découvrit néanmoins dans le livre quelque chose qui lui plaisait. Son ennemi s'était engagé à abuser de la papauté : des preuves suffisantes pour le condamner immédiatement pour blasphème dans la ville catholique romaine de Vienne en France où Servet résidait alors, et il entreprit immédiatement de mettre à exécution le plan cruel de sa mort. En informant les autorités de Vienne par lettres dictées, il réussit à y faire jeter Servet en prison, d'où il s'évada et devint un paria pendant des mois. La manière maligne et inhumaine avec laquelle ce chef chrétien a suivi sa victime innocente n'aurait guère pu se produire sur une autre question que religieuse, et son intention meurtrière, dès le début, est démontrée par une lettre de Calvin à un ami dans laquelle il dit : « Servet m'a écrit dernièrement, et en plus sa lettre m'a envoyé un grand volume de ses délires, me disant, avec une arrogance audacieuse, que j'y trouverais des choses prodigieuses et inouïes jusqu'à présent. » Il propose d'y venir si j'approuve ; mais je ne lui engagerai pas ma foi ; car, s'il est venu, si j'ai quelque autorité ici, « JE NE PERMETTRAI JAMAIS QU'IL REPARTE VIVANT ». Et il s'est montré, dans ce cas, fidèle à sa parole.

Les autorités catholiques romaines de Vienne, découvrant au bout d'un certain temps la connivence de Calvin en leur faisant exécuter son ennemi, s'arrangeèrent, dit-on, pour lui faciliter l'évasion. Ils n'avaient aucune intention de se voir imposer ce travail. Ils pensaient probablement que les réformateurs devaient prendre soin de leurs propres hérétiques. Servet, après sa fuite, erra de lieu en lieu, tout le temps sa vie en danger imminent, et finalement élevé à Genève, la maison de Calvin, se déguisant et se cachant dans les faubourgs. On ne sait pas avec certitude ce qui l'a poussé à prendre des risques aussi désespérés. On suppose que son intention était d'aller à Naples et de quitter Genève à la première occasion favorable. Las d'être enfermé, et toujours enclin à la piété, il osa imprudemment se montrer au service du soir d'une église voisine, et y étant reconnu, l'annonce de sa présence fut transmise à Calvin, qui, sans perdre un instant, exigea son arrestation immédiate. arrestation, faisant lui-même sa mise en accusation et travaillant assidûment jusqu'au bout, comme procureur en chef et témoin. La cruauté barbare subie lors de l'emprisonnement de cet homme célèbre, dans une communauté éminemment chrétienne et par un leader chrétien, est démontrée par la lettre suivante provenant de sa cellule de prison. « Très nobles seigneurs, cela fait maintenant trois semaines que j'ai demandé une audience, et je dois vous informer que rien n'a été fait, et je me trouve dans une situation plus sale que jamais. En plus, je souffre terriblement du froid, et des coliques et de ma rupture, qui me causent des malheurs. Il est très cruel de ne pouvoir ni parler, ni de ne pas pouvoir satisfaire mes besoins les plus pressants ; pour l'amour de Dieu, messieurs, par pitié, donnez des ordres en ma faveur. Et en voici une autre : « Mes très honorables seigneurs, je vous supplie humblement de mettre fin à ces grands retards, ou de m'exonérer de l'accusation criminelle. Vous devez voir que Calvin est à bout de nerfs et ne sait que dire de plus, mais pour son plaisir, il voudrait me faire croupir ici en prison. Les poux me dévorent tout vif, mes culottes sont en lambeaux, et je n'ai ni monnaie, ni pourpoint, et seulement une chemise en lambeaux. Trente-huit articles de mise en accusation furent rédigés par Calvin, et après un long procès, au cours duquel il fut l'interrogateur principal, cette malheureuse victime fut condamnée au bûcher. Servet, pendant tout son examen, s'est montré un homme courageux, consciencieux et religieux. Ses réponses à chacun des articles étaient compétentes, cohérentes et auraient été considérées de nos jours comme sans réponse, et qui plus est, ses vues ont depuis été adoptées par les sectes chrétiennes les plus avancées. Ce qui suit est une description de son exécution enregistrée à cette époque.

« Lorsqu'il aperçut le bûcher mortel, le misérable Servet se prosterna à terre et fut pendant un moment absorbé dans la prière. Se levant et avançant de quelques pas, il se trouva entre les mains du bourreau, qui le fit asseoir sur un bloc, ses pieds touchant à peine le sol. Son corps était ensuite attaché au pieu derrière lui par plusieurs tours d'une chaîne de fer, tandis que son cou était fixé de la même manière par la bobine d'une corde de chanvre. Ses deux livres, celui manuscrit envoyé confidentiellement à Calvin six ou huit ans auparavant pour sa restriction, et un exemplaire de celui récemment imprimé à Vienne, étaient attachés à sa taille, et sa tête était entourée en guise de moquerie d'un chapelet de de la paille et des brindilles vertes parsemées de soufre. La torche mortelle fut alors appliquée sur les fagots et lui brisa le visage ; et le soufre s'accrochant et les flammes montant, arrachèrent à la victime un cri d'angoisse tel qu'il sema la terreur dans la foule environnante. Après cela, il resta courageusement silencieux ; mais le bois étant volontairement vert, quoique le peuple aidât le bourreau à entasser sur lui les fagots, une longue demi-heure s'écoula avant qu'il ne cessât de donner des signes de vie et de souffrance. Immédiatement avant de rendre l'âme, dans un dernier effort expirant, il s'écria à haute voix : « Jésus, fils du Dieu éternel, aie pitié de moi ! Tout fut alors silencieux, sauf le sifflement et le crépitement du bois vert, et peu à peu il ne resta plus de ce qui avait été Michel Servet, mais un tronc calciné et noirci et une poignée de cendres. Ainsi mourut avant son âge, cette victime du fanatisme religieux et de la haine personnelle, triomphe approprié de la théologie sur les méthodes de pensée scientifique, résultat parmi des milliers d'autres de l'adoption des légendes juives par le christianisme, et en cela cas, provoqué par un leader chrétien, fondateur d'une croyance dans laquelle, à ce jour, il reste suffisamment de son esprit pour en faire le plus grand ennemi de la libre pensée et de l'opinion libérale, parmi toutes les croyances du protestantisme. De cette tragédie honteuse, était-ce l'esprit du Maître qui a poussé la foule inhumaine à rivaliser les uns avec les autres en entassés sur les fagots, ou était-ce l'influence maligne d'un Dieu hébreu vindicatif et cruel ?

Chaque conflit entre science et théologie depuis l'époque de Copernic a abouti à une victoire sans équivoque de la première. Les deux Églises ont résisté à la vérité sur la rotondité et le mouvement de la terre comme si leur existence en dépendait. Ils combattirent chaque question à mesure qu'elle se présentait dans le même esprit. Le récit mosaïque de la création, l'âge du monde, le déluge, la durée du séjour de l'homme sur la terre, sont des questions aussi efficacement réglées à l'encontre des « vérités de l'Écriture » que celle pour laquelle Galilée a souffert. Et pourtant, le christianisme vit, et continuera de vivre et de prospérer, uniquement en raison de l'affinité inhérente et croissante du cœur humain à mesure que la civilisation progresse pour les préceptes et l'exemple de son fondateur. Si le christianisme était destiné à tomber en sapant ses légendes, il tomberait maintenant avec la destruction récente de celle dont son existence semblait dépendre et qui, plus que toute autre, a façonné son cours et jeté les bases de ses rituels. La doctrine de l'évolution, désormais établie comme vérité, est la plus sérieuse et apparemment la plus destructrice que la théologie ait jamais rencontrée. Le fait que l'homme soit né d'un état de brutalité, au lieu d'être tombé d'un état de perfection, est, pour l'ecclésiastique, un coup dur de la tige à la poupe, comparé à toutes les batailles précédentes avec la science comme le tir d'un canon moderne de trente-deux livres. avec une ordonnance à l'ancienne. La légende de la chute de l'homme, comparée à toutes les autres, est la plus vile. Il a été apporté d'Assyrie, par les Hébreux, qui l'ont obtenu pendant leur captivité, d'un peuple barbare, chez lequel il était courant depuis des siècles, et a ainsi été inséré dans notre Livre Sacré, dont on a récemment trouvé des preuves en déchiffrant le Ninivite. enregistrements. Le soupçon n'est pas entièrement sans fondement qu'il a pu être adopté dans le but de créer des misères et des chagrins dans la multitude pour l'occupation profitable de quelques-uns divinement autorisés dans le but de les consoler, et il a bien rempli sa mission. Cela a changé l'expression faciale de la chrétienté. Il a approfondi les sillons de chagrin sur la vieillesse et fixé des lignes de souci sur les traits de la jeunesse. Cela a apporté le découragement immérité de la criminalité et l'abattement de la honte, là où le droit appartient au reflet de l'espoir et à la lumière de l'attente. Elle a incalculablement multiplié les peines de la vie et créé pour chaque mort un cauchemar d'horreurs imaginaires. Cette légende est le fondement et l'inspiration de la plupart des maux et de la cruauté que le christianisme a infligés à l'humanité. Fabuleux lui-même, il a été le parent d'irréalités, de sorcellerie et de magie par exemple, dont des millions de victimes innocentes ont été sacrifiées à la torture et à la mort. Elle a transformé les jouissances raisonnables de la vie en crimes par l'invention d'un mot qui, avec la latitude donnée à sa définition, a maintenu dans une tremblante incertitude les innocents et les inoffensifs. Aux parents, il a conféré l'angoisse de l'effroi pour le sort de leur progéniture décédée, des nourrissons innocents, ainsi que des personnes mûres. Cette légende de la chute de l'homme a établi dans les sentiers de la vie son filet Sin, un mot d'une définition théologique si illimitée que quiconque de rectitude moyenne, par quelque inadvertance insignifiante de pensée ou d'action, est susceptible d'attirer sur lui la condamnation d'un Dieu renfrogné; afin que, les dignes comme les indignes, n'échappent pas aux services d'assistance théologique et d'intercession. Sans le doute qui existe, et a probablement toujours existé, sauf parmi les ignorants et les esprits paresseux, quant à la véracité de cette invention puérile, cela aurait réduit l'humanité depuis longtemps à un état de désespoir et de désespoir universel.

Les théologiens n'ont plus maintenant que les miracles à défendre, et bien qu'ils doivent admettre que le miracle de Josué est tombé, d'autres dont l'erreur ne peut pas être aussi bien démontrée par la science, sont tenus à eux avec la ténacité du désespoir, et au mépris total de la raison et du bon sens. Heureusement, dans l'intérêt de la vérité, nous avons l'occasion d'étudier l'évolution des miracles, dans un cas si moderne que toute affirmation prouvant leur erreur peut être étayée par la littérature actuelle de l'époque. Saint François Xavier était un jésuite sérieux, sincère et véridique, dont les services religieux étaient célébrés au milieu du XVIe siècle. Il abandonna une carrière prometteuse de professeur dans une académie parisienne et, dans son enthousiasme et son dévouement au christianisme, partit comme missionnaire en Extrême-Orient. Parmi les différentes tribus de la basse Inde, puis au Japon, il travailla sans relâche, travaillant dur de village en village pour rassembler les indigènes au moyen d'une clochette. Après douze ans d'efforts pour chercher de nouveaux convertis à la religion, il sacrifia sa vie sur l'île déserte de San Chan. Au cours de sa carrière de missionnaire, il écrivit un grand nombre de lettres qui furent conservées et publiées depuis, et celles-ci, avec celles de ses contemporains, montrent clairement tous les traits de sa vie. Aucun récit d'un miracle opéré par lui n'apparaît ni dans ses propres lettres ni dans aucun document contemporain. De plus, ses frères missionnaires, qui étaient en communion constante et loyale avec lui, ne leur font aucune illusion dans leurs communications entre eux ou avec leurs frères d'Europe. Ce silence sur ses miracles n'était évidemment pas dû à une quelconque incrédulité à leur égard, car ces bons pères missionnaires étaient libres de consigner le moindre événement qu'ils croyaient être une preuve de la faveur divine. L'un d'eux rapporte qu'une croix illuminée a été vue récemment dans le ciel ; un autre que les démons avaient été chassés des indigènes par l'usage de l'eau bénite ; d'autres rapportent que les lépreux ont été guéris par le baptême, et que les aveugles et les muets ont été restaurés par les rites de l'Église ; mais à Xavier aucun miracle n'est imputé par ses associés pendant sa vie, ni pendant plusieurs années après sa mort. Au contraire, nous trouvons ses propres déclarations sur ses limites personnelles et les difficultés qui en découlent pleinement confirmées par ses collègues ouvriers. Il est intéressant par exemple, au vu de l'affirmation ultérieure, selon laquelle le Saint était divinement doté pour sa mission du « don des langues », de noter dans ces lettres la confirmation de la propre déclaration de Xavier réfutant totalement l'existence d'un tel don divin, et détaillant les difficultés qu'il a rencontrées en raison de son manque de connaissance de diverses langues et du dur travail qu'il a accompli pour apprendre les éléments de la langue japonaise. Avec toutes ces preuves, et bien d'autres si nécessaire , pour prouver que Xavier n'a jamais fait de miracle, l'Église a commencé à les construire pour lui, sans se soucier du fait qu'il vivait à une époque de littérature, de livres et de correspondance imprimée, et non dans ces époques lointaines où il détenait le contrôle suprême de tout apprentissage et de toute communication par lettres ; ainsi, le premier des miracles de Xavier commença à se produire une dizaine d'années après sa mort. Ils se sont multipliés de temps en temps, à commencer, il est raisonnable de le supposer, par le foyer des commérages et avec empressement confirmés par le cloître, jusqu'à ce qu'ils commencent à être mentionnés dans la littérature ecclésiale. Dont la première, une lettre vingt ans après sa mort d'un père jésuite intitulée « Des affaires religieuses aux Indes » ne dit rien des miracles de Xavier. La suivante, une publication intitulée « Histoire de l'Inde », trente-six ans après sa mort par un autre père jésuite, s'attarde avec légèreté sur les prétendus miracles. La suivante, soixante ans plus tard, une « Vie de Xavier » montre une multiplication de ses miracles et le représente chassant les démons, guérissant les malades, apaisant la tempête, ressuscitant les morts et accomplissant des miracles de toutes sortes. Depuis que Xavier est devenu saint, de nombreuses autres vies de lui sont parues, l'une d'elles cent soixante ans après sa mort, la meilleure écrite jusqu'à présent et maintenant considérée comme un classique, dans laquelle les vieux miracles se sont énormément multipliés. Selon son premier biographe, il sauve une personne de la noyade par miracle, dans celui-ci il en sauve trois au cours de sa vie. Dans le premier, il ressuscite trois personnes, dans celui-ci quatorze. Dans le premier il y a une réserve d'eau miraculeuse, dans celui-ci trois, et ainsi de suite, jusqu'à cette date où les miracles Xavier se comptent par centaines. Ce cas d'évolution des miracles est largement copié d'une publication récente du président White de l'Université Cornell. Il est non seulement très instructif dans la mesure où il indique le processus par lequel ces tromperies sont développées, mais il tend également à la conviction agréable et bienvenue que beaucoup de travailleurs sérieux et dévoués dans le domaine du christianisme, à qui l'on impute des miracles, n'étaient pas coupables de eux. Mais plus que tout, il montre la voie vers un esprit raisonné grâce auquel, à travers le rationalisme actuel et à venir, une personnalité pure et vouée conservera son emprise sur les affections des hommes.

Les hommes de science et de pensée indépendante qui passèrent à la Réforme, en espérant encouragement et protection, furent condamnés à être déçus. Ce n'était pas un mouvement provoqué par la pression de l'illumination. A cette époque, l'Allemagne et l'Angleterre étaient bien au-dessous de l'Italie en termes de conditions de connaissance et d'apprentissage. C'était une rébellion provoquée par l'oppression du mal et un désir de changement uniquement dans la gestion des affaires de l'Église. Toutes les superstitions de l'ancienne Église furent transférées à la nouvelle. La même adhésion littérale, en fait plus stricte, aux paroles de l'Écriture dans la gestion des affaires de la vie et dans les décisions sur les questions scientifiques, était maintenue, la même vigilance incessante envers ces hommes de savoir qui menaçaient les « vérités de l'Écriture » dans leur pays. leurs travaux scientifiques, et les mêmes cruautés invoquées pour leur suppression et l'extinction de l'hérésie. Plus aucune liberté intellectuelle n'était autorisée, sauf sur des points doctrinaux mineurs de croyance, et sur ceux-ci commencèrent ces controverses qui divisèrent bientôt le mouvement en factions ou en croyances. L'intention de la nouvelle église était de supprimer ces rituels et cérémonies qui avaient été adoptés du paganisme comme compromis aux deuxième et troisième siècles, et de ramener leur église, autant que possible, à cette simplicité qui caractérisait la première. enseignements du christianisme. Mais les dirigeants de la Réforme n'ont jamais tenté ni eu le moindre désir de restaurer l'entière liberté de pensée et d'expression qui existait au début. Aucune personne bénéficiant de l'immunité ne serait autorisée à nier la doctrine de la Sainte Trinité ou la vérité de l'Immaculée Conception, comme avaient l'habitude de le faire les anciens philosophes grecs. Des questions si vitales qu'il fallait considérer négativement la torture et la mort, Servet étant l'une des premières victimes d'une telle témérité. Il y avait cependant suffisamment de questions, dans les limites d'une discussion sûre, pour relancer ces controverses sans fin qui distinguent encore aujourd'hui le protestantisme. Le privilège nouvellement acquis de discuter des affaires sacrées entre laïcs et autres était tellement exploité que les débats entre les sectes, pour défendre leurs différentes interprétations des textes scripturaires, monopolisaient dans la société ses heures de rapports et de conversations. Lorsque leurs dirigeants se livraient à des discussions telles que le dialogue entre Ève et le Serpent ; si le Serpent se tenait debout sur sa queue, ou dans son enroulement naturel lorsqu'il s'adressait à Ève ; fixer l'heure de cet événement remarquable ; expliquer la manière dont Noé nourrissait les animaux dans l'arche ; Comment les poissons apparaissaient avant Adam pour être nommés par lui, et ces problèmes gênants, les profanes étaient pour la plupart occupés à l'examen des points doctrinaux qui divisaient le mouvement en sectes. Des questions qui avaient été réglées des siècles auparavant par l'autorité de la vieille Église furent reportées à un nouveau débat. Luther décrivait ses fréquentes entrevues avec le diable dans sa chambre. Les démons et les sorcières empoisonnaient l'air et apportaient des calamités et des malheurs contre lesquels il n'y avait qu'une seule sauvegarde et un seul remède : la lecture des textes sacrés et la prière. Mais même si les sectes pouvaient différer dans leur compréhension de la langue sacrée, elles étaient toutes d'accord sur un certain nombre de choses ; chaque texte de l'Écriture devait être pris littéralement ; l'hérésie ne pouvait être trop sévèrement punie ; une réduction des plaisirs de la vie augmentait les chances d'accéder au paradis ; le monde était un « gouffre d'iniquité » destiné à une destruction prochaine, et présidé par un Dieu qui ne sourit jamais, et troublé par un diable qui ne dort jamais, ce dernier avec des millions de descendants, l'homme poursuivant les démons, infligeant la folie, la maladie et bien d'autres. autre des malheurs de la vie.

Dans ces croyances, les deux Églises étaient entièrement d'accord et doivent également répondre des misères et des cruautés qu'elles ont infligées à l'humanité en les appliquant. Les théories et les doctrines si constamment avancées et soutenues par les deux Églises, et qui se sont révélées si désastreuses pour l'humanité, n'ont pas leur place dans le christianisme et ne devraient pas y avoir place. Non seulement elles ne relèvent pas de l'autorité du Maître, mais elles sont pour la plupart en opposition avec son enseignement et son exemple. Les plus nuisibles d'entre elles doivent leur origine aux fables et aux mythes introduits de seconde main dans le livre sacré à partir de sources égyptiennes et orientales, des siècles avant l'ère chrétienne, et il n'est pas surprenant que les légendes dues à la faculté de romantisme dans l'esprit des Certains Assyriens barbares ou Pharos, très anciens dans les berceaux de l'humanité, lorsqu'ils ont été présentés comme fondements des règles de vie et comme explications des processus mystérieux de la nature tout au long de la ligne de progrès humain, auraient dû être constamment rejetés et niés par la partie raisonnante. de l'humanité, et il est à peine concevable qu'aujourd'hui, à quelques mois du vingtième siècle, ils soient considérés par les deux Églises comme des inspirations de la Divinité. Ce n'est pas non plus si surprenant si l'on considère que, pendant dix-sept siècles, les esprits sous-développés des jeunes de toute la chrétienté ont été façonnés dans l'acceptation de croyances qui, si elles avaient été présentées sans cette absorption progressive à laquelle la raison ne prend aucune part, auraient été longues. auparavant rejetées en raison de leur improbabilité. Nulle part cela n'est mieux compris que parmi les Églises, et en conséquence, elles ont été en perpétuelle lutte les unes contre les autres pour l'éducation précoce de la jeunesse.

Le spectacle le plus inspirant et le plus plein d'espoir de toute l'humanité est une assemblée, enveloppée dans les exercices de dévotion du christianisme, écoutant attentivement les ministères éloquents d'un leader sérieux, qui plaide la cause de la vertu et de la charité telle qu'elle se manifeste dans la vie et le caractère écrits. de l'Homme Modèle. La grande histoire centrale ne se lasse jamais d'intérêt et ne vieillit jamais ; un sacrifice volontaire et une souffrance pour le bien de l'humanité. Une telle gentillesse sans faille, de telles leçons de fraternité, un tel amour pour les hommes, une telle tendresse pour les enfants, une telle considération au-delà de son temps pour les femmes, et avec une fin si pathétique et si douloureuse qu'elle capture à jamais leurs natures émotionnelles. Et surtout apporter la nouvelle d'un espoir, qui vient aux hommes, comme un bateau de sauvetage arrive à un navire secoué par la tempête et qui s'enfonce lentement dans les profondeurs ; si chéri dans les foyers chrétiens qu'il en devient un membre vénéré, qu'il est défendu comme l'un d'eux, soutenu si nécessaire par la force des armes et le sacrifice de sa vie. Et la leçon de tout cela, et l'espoir et l'inspiration de tout cela, c'est que partout où l'humanité habite, que ce soit dans des châteaux ou des chaumières, au milieu de la foule des villes, ou parmi les champs tranquilles de la campagne, il y a partout parmi eux des lauriers pour lui. qui se sacrifiera pour que d'autres puissent gagner ; estime et vénération parmi tous pour celui dont la vie est pure et dont les voies sont des voies de bonté et de charité. Le vice ne peut jamais régner en maître que pour un temps, au milieu d'une telle affinité inhérente pour le bien implantée dans chaque cœur humain, et à mesure que les jours du consentement général et de la connaissance sans obstacle éclairent et contrôlent les affaires des hommes, de plus en plus certains, à mesure que le temps passe, viennent les protestations et les rébellions contre le triomphe temporaire du mal.

De cette histoire envoûtante qui a capturé la civilisation et en est devenue une partie, qu'y a-t-il chez le Maître qui mérite un environnement aussi barbare ? de tels détails sans conséquence sur des vies obscures et barbares ; de telles représailles vindicatives et de tels conflits brutaux, impliquant sacrilègement la Divinité comme promoteur de ceux-ci ; fictions sauvages des premiers âges, inventions de l'enfance de l'homme, récits contradictoires d'événements historiques, parties fragmentaires rédigées par différentes personnes à différentes époques ; des explications dans de nombreuses branches de la science, maintenant connues pour être erronées et absurdes, et contenant des textes qui soit approuvent ouvertement, soit ont été déformés au service des outrages les plus prodigieux que l'humanité ait subis.

« Considérant l'origine affirmée de ces annales – indirectement de Dieu lui-même – nous pourrions à juste titre nous attendre à ce qu'elles supportent d'être jugées selon n'importe quelle norme que l'homme peut appliquer, et justifient leur véracité et leur excellence dans l'épreuve de la critique humaine.

Il faut donc rechercher l'universalité, la complétude, la perfection. On pourrait s'attendre à ce qu'ils nous présentent des vues justes sur la nature et la situation du monde dans lequel nous vivons, et que, qu'il s'agisse du spirituel ou du matériel, ils feraient honte aux productions les plus célèbres du génie humain, comme le magnifique mécanisme des cieux, et les belles formes de la terre sont supérieures aux vaines inventions de l'homme. Nous pourrions nous attendre à ce qu'ils exposent avec autorité et règlent définitivement ces problèmes tous importants , qui ont exercé les facultés mentales des hommes les plus capables d'Asie et d'Europe pendant tant de siècles, et qui sont au fondement de toute foi et de toute philosophie ; qu'ils devraient nous dire distinctement, dans un langage sans équivoque, ce qu'est Dieu, ce qu'est le monde, ce qu'est l'âme, et si l'homme a un critère de vérité ; qu'ils nous expliquent comment le mal peut exister dans un monde dont le Créateur est tout-puissant et tout à fait bon ; qu'ils nous révèlent en quoi les affaires des hommes sont fixées par le destin, en quoi par le libre arbitre ; qu'ils nous apprennent d'où nous venons, quel est le but de notre persévérance ici, ce que nous devons devenir par la suite. Et comme un mot écrit se réclamant d'une origine divine doit nécessairement s'accréditer, même auprès de ceux qui sont les plus réticents à le recevoir, ses preuves internes devenant plus fortes et non plus faibles, avec la rigueur de l'examen auquel elles sont soumises, il doit s'occuper de ceux-là. des choses qui peuvent être démontrées par les connaissances et le génie croissants de beaucoup qui anticipent là ses conclusions. Un ouvrage aussi noble que soit son origine ne doit pas refuser, mais se soumettre à l'épreuve de la philosophie naturelle, en la considérant non comme un antagoniste mais comme son meilleur support. À mesure que les années passent et que la science humaine devient plus précise et plus complète, ses conclusions doivent être trouvées à l'unisson. Lorsque l'occasion s'en présente , ils devraient nous fournir au moins les préfigurations des grandes vérités découvertes par l'astronomie et la géologie, sans nous proposer les fictions extravagantes des âges antérieurs. Ils devraient nous dire comment les soleils et les mondes sont distribués dans un espace infini et comment, dans leur succession, ils apparaissent dans un temps illimité. Ils devraient dire dans quelle mesure la domination de Dieu est exercée par la loi, et à quel point il lui plaît de recourir à sa propre volonté arbitraire. Comme la description de l'univers magnifique écrite par la main toute-puissante aurait été grandiose ! Concernant l'homme, ils devraient exposer ses relations avec les autres êtres vivants, sa place parmi eux, ses privilèges et ses responsabilités. Ils ne devraient pas le laisser tâtonner dans les vestiges de la philosophie grecque et finalement manquer la vérité, mais ils devraient lui apprendre en quoi consiste la vraie connaissance, anticipant la science physique, la puissance physique et le bien-être physique de notre époque . , voire même en dévoilant à notre profit des choses que nous ignorons encore. La discussion de sujets, si nombreux et si élevés, n'échappe pas au cadre d'un ouvrage de telles prétentions. Sa manière de les traiter est le seul critère qu'il puisse offrir de son autorité pour les temps à venir. » [UN]

Comme notre prétendu Livre sacré est différent de celui-ci, avec ses fables, ses mythes et légendes, ses textes mortels qui ont flagellé l'humanité. Par sa prétention d'autorité divine, transmettant dans notre civilisation des superstitions qui autrement auraient fondu à la lumière de la connaissance ; mettre une limite à l'apprentissage, l'entraver et le dénoncer dans plusieurs de ses branches ; paralyser la pensée, et lui substituer une foi aveugle, instituée et cultivée par l'ecclésiastique, pour mettre les hommes sous son contrôle ; citer comme exemple de faveur divine le faible niveau moral des temps barbares ; racontant des meurtres, des incestes , des adultères et des obscénités, qui auraient depuis longtemps banni le livre des régions du raffinement et de la civilisation, sans son origine supposée, et qui servent, par leur accès facile et indéniable aux jeunes esprits, de stimulation aux idées destructrices. lubricité; sanctionner l'esclavage humain et encourager l'effusion de sang au combat ; donner l'exemple des dîmes exorbitantes pour le soutien de l'ecclésiastique ; prononçant les malédictions les plus déchirantes, comme venant directement du Tout-Puissant, pour non-respect de ses commandements assumés, et qui ont servi d'exemple, autorisant les horribles cruautés infligées à l'humanité par les églises, modèles littéraires qu'elles sont de ces anathèmes, interdits et excommunications, par lesquels l'Église plus ancienne a terrorisé l'humanité pendant quinze cents ans. « Je vous ferai aussi ceci : je vous donnerai même la terreur, la phtisie et la fièvre brûlante, qui consumeront les yeux et causeront du chagrin au cœur, et vous semerez votre semence en vain ; car vos ennemis le mangeront. «J'enverrai aussi parmi vous des bêtes sauvages, qui vous dépouilleront vos enfants, détruiront votre bétail, et vous réduiront en petit nombre, et vos routes seront désolées.» « Car ils allaient servir d'autres dieux et les adoraient, des dieux qu'ils ne connaissaient pas et qu'il ne leur avait pas donnés ; et la colère de l'Éternel s'est enflammée contre ce pays pour faire venir sur lui toutes les malédictions qui sont écrites dans ce livre. «Est-ce que je ne les hais pas, Seigneur, qui te haïssent, oui, je les hais d'une haine parfaite.» "Tu ne laisseras pas vivre une sorcière." "Un homme ou une femme qui possède un esprit familier ou qui est un sorcier sera sûrement mis à mort." « Et vous poursuivrez vos ennemis, et ils tomberont devant vous par l'épée. » C'est uniquement sur la base de textes aussi meurtriers que ceux-ci, et le livre en est rempli, que le monde a été recouvert de sang. Ce sont eux qui ont donné à l'Espagne une prétendue sanction du Seigneur pour exterminer quinze millions de personnes au Mexique et au Pérou, avec une civilisation meilleure et plus élevée qu'elle, et pour les dépouiller de leurs richesses et de leurs biens. Ce sont eux, et d'autres encore, qui autorisèrent et incitèrent l'Inquisition qui, de 1481 à 1808, mit à la torture et à une mort horrible par le feu, 340 000 êtres humains. Ce sont eux qui provoquèrent le massacre de la Saint-

Barthélemy avec ses 30 000 victimes à feu et à sang ; les persécutions anglaises sous Bloody Mary, au cours desquelles trois cents semblables périrent ; l'anéantissement quasi total de l' Albigenèse dans le sud de la France. Cette guerre a été menée avec une cruauté plus féroce que jamais connue dans l'histoire ; la fureur fanatique des soldats était stimulée par les exhortations du clergé. A la prise de Baziers , lorsqu'on proposa d'épargner les catholiques, un moine s'écria : « Tuez tous, Dieu reconnaîtra les siens », et l'atroce précepte ne fut que trop bien observé. La guerre se termina par la dévastation complète du pays et l'extermination presque complète de ses habitants. En suivant le chemin sanglant de ces commandements scripturaires barbares, nous devons enregistrer les incendies de sorcières en Europe et en Amérique, au cours de la suprématie chrétienne, qui se comptent par centaines de milliers ; les croisades et les guerres purement religieuses depuis Constantin, dont les victimes sont incalculables ; et tout cela dans le seul but ou fin, si ce n'est que le monde soit forcé de croire à ce que l'on sait être un système théologique d'un faible développement social ; c'est le coût terrible pour l'humanité, de l'adoption et du maintien systématique par les églises des anciennes croyances et modes de pensée juifs ; c'est l'infliction, afin que l'ecclésiastique puisse prévaloir, utilisant le sermon sur la montagne pour capturer les consciences des hommes, et les flagellant avec les mandats, les malédictions et les châtiments d'une divinité hébraïque, pour les aligner sur ses objectifs. En prenant à cœur ces annales juives, en les faisant partie de lui-même, en tant qu'objets d'exemple et de culte, le christianisme n'a-t-il pas retardé le progrès de l'humanité ? N'a-t-il pas fait obstacle à la connaissance, empêché une plus grande expansion de la sympathie humaine et prolongé l'amélioration des conditions sociales ?

En ces jours d'illumination et de pensée supérieure, les vestiges sont partout visibles de nos quinze siècles de mauvaise direction. Presque chaque vie chrétienne porte l'empreinte de ces cruelles traditions hébraïques. Le commandant d'un cuirassé dans la guerre contre l'Espagne, après avoir massacré un grand nombre d'ennemis, rassemble ses hommes pour rendre « grâce au Seigneur », et l'instant d'après les avertit de ne pas applaudir parce que « les pauvres gens meurent ». illustre ce mélange de superstition juive avec l'enseignement et l'exemple du Maître, que l'on observe partout dans notre civilisation actuelle. Les impulsions religieuses inhérentes à l'humanité – la religion naturelle – dont certaines, ne trouvant pas de lieux plus propices, sont attirées vers les églises, considèrent la guerre avec des sentiments de répulsion plus grands que ne le fait la théologie orthodoxe, endoctrinée dans la croyance en sa sanction divine, et par conséquent, le succès des armes américaines, si clairement dû à des causes naturelles, était célébré par les églises selon la méthode hébraïque ancienne habituelle par « grâce au Seigneur ». L'intolérance suprême du christianisme, qui a causé tant de ravages dans l'humanité, est clairement due aux suggestions des écritures hébraïques, et c'est seulement la religion naturelle au sein des églises, et cette grande partie en dehors d'elles, qui force le christianisme à un culte plus pur. , et détruire ses superstitions. Il exige pour toutes choses, saintes et profanes, le droit d'un examen critique, et il ne voit que peu d'autres choses dans notre Livre sacré qui méritent d'être préservées, en dehors du sermon sur la montagne et de ses extensions. C'est cette religion naturelle de la conscience, encourageante et encouragée par la science et la raison, qui a arraché à l'ecclésiastique le contrôle de la civilisation. Sa force intellectuelle l'emporte enfin sur la force intellectuelle de la théologie ; mais les irréfléchis de la multitude sont nombreux, et la bataille commencée il y a quatre siècles persiste encore, la théologie soutenue par son faible nombre, ses vieilles armes détruites, et la science par ses hommes forts équipés de projecteurs.

Mais les projecteurs de la science ne peuvent troubler le cœur du christianisme. Sa doctrine de l'expiation, détruite par la vérité établie de l'évolution ; son récit de la création et du déluge s'est avéré être des fables ; ses miracles discrédités, et nombre d'entre eux démontrés par la science comme étant faux, il contient toujours en lui un élément qui est en harmonie avec les aspirations de l'humanité à l'amélioration à venir sur terre et au-delà. Toutes ces choses qu'il a perdues ne sont que des offrandes perverties de son corps, et non une partie du corps lui-même. "Aimer l'un l'autre. Faites aux autres ce que vous voudriez que les autres vous fassent », telles sont les paroles d'or qui l'ont établi dans le monde en tant que puissance vivante et motrice. C'est d'eux que sont composées son âme et sa vie, et aucune flèche de la science ne peut les atteindre. Ses dogmes mis à part, tout être humain dans l'enceinte de la civilisation naît chrétien, et sans sa perversion précoce aux mains d'un sacerdoce rusé, sa carrière intolérante et cruelle issue d'associations forcées et indignes, tous les hommes, instruits comme non instruits. , travaillerait dans ses rangs.

Il est venu dans le monde et est entré dans la société, en faisant son chemin de bas en haut. Comme tous les mouvements issus des niveaux inférieurs, il était socialiste. Son auteur, car on ne peut pas l'appeler son chef, fut la première personne qui soit apparue dans le monde comme l'instigateur d'un grand mouvement de réforme bénéficiant à l'humanité entière sans quelque motif apparent ou suspect, dans le déni de son altruisme absolu, et le mouvement à ses débuts, participant et entièrement composé de son inspiration, était un pur socialisme désintéressé. Ses membres étaient liés par la fraternité la plus étroite, s'aimant et prenant soin les uns des autres par commandement divin ; déclaré égal par un mandat du Ciel, à une époque où les trois quarts de l'humanité étaient des parias, négligés, négligés et maltraités par une oligarchie cruelle, des esclaves et des dépendants, parmi lesquels c'était un malheur et une misère d'être né, et d'avoir une religion si inutile et si peu prometteuse qu'elle n'offre rien d'autre qu'un spectacle spectaculaire momentané. Pour ces gens, la nouvelle religion était aussi agréable et bienvenue que le chaud soleil et la verdure de l'été après un long séjour dans l'Arctique. Ses doctrines touchaient la société là où elle avait le plus besoin de ses préceptes humains et de son soulèvement. Pendant près d'un siècle, aucun système de dogmes, aucune doctrine d'expiation, aucune autorité ecclésiale étendue n'avait été déterminée, et tout l'accent de l'enseignement religieux était dirigé vers le culte d'un idéal moral et la culture des qualités morales. Son nombre, qui avait été jusqu'alors considéré par la classe supérieure et gouvernante soit avec un silence méprisant, soit avec une opposition argumentative occasionnelle, fut tellement accru que son poids politique laissa présager un nouveau champ d'exercice de l'autorité et du pouvoir. c'est à partir de là que commença cet apport de forces intellectuelles qui en changea si complètement le caractère.

Chaque changement institué par ses nouveaux dirigeants avait pour seul but d'augmenter son nombre et d'augmenter son poids politique. Ils commencèrent par faire un compromis avec le paganisme en adoptant certains de ses rituels, en cédant à l'imagination de la multitude inculte par des manifestations spectaculaires, en inventant un système de gouvernement ecclésial avec un chef exécutif, en adoptant les annales juives pour ses lois organiques et ses modes de pensée. , cultivant la croyance aux miracles et les augmentant à chaque occasion opportune, jusqu'à ce que dans le seul but de vaincre le monde comme le fit César avec ses légions, plus sanglantes que César , prenant entre leurs mains un mouvement plein d'humanité, institué par les hommes. dans les couches inférieures de la société, pour adoucir leurs lignes dures et leur donner de nouveaux espoirs, et pour accroître leurs sympathies et leurs sentiments de fraternité, il est devenu, et dans de nombreuses régions du monde reste encore aujourd'hui, sous la dispense attachée du dogme ecclésiastique et contrôle, servante des rois et des empereurs opprimés, défenseur de superstitions mortelles, intimidateur de la libre pensée et du libre apprentissage, spectateur indifférent des misères de la vie au-delà de son intérêt prosélytique, insouciant du monde entier et de ses affaires, sauf dans la mesure où elle peut profiter de sa théorie du salut exclusif et du porte-parole, en phrases grossières, qui ont depuis longtemps perdu leur force et leur sens, d'une barbarie persistante.

Et pourtant, le monde n'a jamais eu autant besoin d'un christianisme pur. Une bienveillance élargie, chérie et aidée autant par le scepticisme que par les Églises, est l'une des caractéristiques de la société moderne. Bien que les forts physiquement ne s'attaquent pas aux faibles physiquement aussi impitoyablement qu'autrefois, les forts financièrement s'attaquent aux faibles financièrement avec aussi peu de conscience, et les forts intellectuels s'attaquent aux faibles intellectuels avec autant de ruse qu'ils le font. étaient à une époque barbare. La civilisation a accru les deux derniers maux mentionnés. Les masses dispersées, accablées par une richesse écrasante, ne sont plus, à leur connaissance, apaisées par les promesses d'un christianisme frelaté et composite, dont la tâche principale, depuis des siècles, a été de leur offrir un paradis en attente, en récompense de leurs torts terrestres ; mais maintenant, la multitude empreinte d'une connaissance appartenant à cette époque, est à l'abri de ces séductions. Les millions de travailleurs qui facilitent la vie de quelques-uns, augmentent leur richesse et qui ont mené à bien le brillant progrès matériel qui nous entoure, constituent le monde proprement dit, tous les autres ne sont que des dépendants . Dans ce monde et parmi ces quartiers d'où il est venu, le christianisme doit se préparer à rentrer, et l'ombre de cela est déjà visible. Elle doit abandonner ses dogmes et ses superstitions, qu'elle a jusqu'à présent relégués dans l'obscurité et le silence partiels, et, à leur place, s'attaquer aux choses du monde. Il doit aller parmi les changeurs de monnaie des temples, et dans les salles et les chemins de la législation, luttant partout contre le mal ; car c'est grâce à eux que le monde reçoit ou se voit refuser son amélioration, et il doit mettre la science à sa droite, la reconnaissant comme un attribut de la Divinité. Le christianisme avec ce compagnon, son idéal pur retrouvé dans ses brumes ecclésiastiques, se lançant dans son nouveau voyage à travers le monde, ouvrant la voie à la vérité au lieu de la supprimer, se conformant en tous points à la religion naturelle de l'humanité, deviendrait à l'humanité ce qu'est le soleil à la terre, réconfortant les âmes des hommes par ses espérances, élargissant leurs charités par ses préceptes et réchauffant dans la vie bien des germes de vertu et de bonté qui autrement n'auraient jamais fleuri pour répandre sur elles leur parfum moral. La terre.

Ce qui précède a été écrit pour indiquer cette ligne de pensée, dont les convictions sont brièvement exprimées, ici et là, à travers les pages de ce petit livre, maintenant proposé au public dans sa troisième édition. Il est toujours plus sûr et plus agréable d'aborder la théologie reçue dans l'esprit de révérence que l'on retrouve habituellement dans la littérature ; n'offensant ainsi personne et rencontrant l'approbation d'une classe digne et influente ; mais il existe d'autres raisons pour lesquelles les critiques négatives des méthodes et croyances théologiques ne sont pas aussi souvent exploitées publiquement que leur importance pour la société le mérite. En premier lieu, l'expérience a montré que les erreurs de croyance religieuse, fixées dans l'esprit pendant l'enfance et la jeunesse, sont rarement éliminées par la discussion. Nous ne sommes pas encore arrivés à ce stade où l'amour de la vérité prédomine tellement dans l'esprit des hommes qu'ils sacrifieront tous les préjugés et rejetteront toute influence opposée pour l'obtenir. Le christianisme a imposé un système complexe de préjugés à chaque jeune esprit relevant de sa juridiction et ils se sont mêlés à toutes les associations les plus sacrées de l'enfance, faisant si fortement appel aux affections, que tout déni exprimé de leur vérité exacte excite, dans la plupart des cas, un sentiment de ressentiment et suscite souvent de petites persécutions. Une grande majorité de la race humaine accepte ses opinions d'autorité, et toute autorité jusqu'à présent a encouragé des croyances, qui semblent si inséparablement liées au bien-être moral de la société, et qui maintiennent en permanence la suprématie des institutions et des modes de pensée dont c'est la subversion. prétendument serait dangereux à bien des égards. Il n'en demeure pas moins que c'est principalement grâce à ses intrusions dans ces vieilles croyances que le monde est parvenu à son stade actuel de progrès, et à l'opinion des théologiens orthodoxes selon lesquels elles devraient être conservées dans leur intégralité, ou d'autres qu'elles devraient être conservées dans leur intégralité. aboli, ne fait aucune figure; parce que, que ce soit pour le bien ou pour le mal dans l'opinion des hommes, la Providence a ordonné que seuls ceux qui représentent la vérité vivront, et sachant cela avec certitude, il devient du plus grand intérêt de découvrir ce que la société est susceptible de perdre ou de gagner. par cette modification des croyances religieuses, où seule la vérité demeurera. Si nous ne pouvons pas prédire avec certitude cette situation future, elle est largement préfigurée par l'expérience passée et présente. Ce que le monde a perdu dans la modification des croyances religieuses serait difficile à trouver, et ce qu'il a gagné prendrait des volumes à raconter. Dans le domaine des intérêts humains les plus importants, la liberté de la personne, la liberté de conscience et la liberté d'expression, l'humanité n'a pas encore suffisamment reconnu les grands services rendus par le scepticisme silencieux et avoué qui a amené la consommation de l'humanité. ces bénédictions. Les écrits de Moïse, la sagesse enregistrée de Salomon, les encycliques des papes et les sermons des évêques et des prêtres, protestants et catholiques, dans leur élévation des humbles, dans leur encouragement à la fraternité et dans cette justice exacte et uniforme. à tous les hommes, dans la mesure où leurs services pratiques à l'humanité dans ces directions peuvent être mesurés, sombrent dans une vaine insignifiance, en comparaison avec ces déclarations et lois organiques sur lesquelles cette grande république a été fondée, et qui ont été le résultat et le produit d'une illumination alors récente, due aux efforts combinés d'écrivains sceptiques européens qui, par leur génie du sarcasme et de leur argumentation incisive, perturbaient les anciens modes de pensée théologique et éveillaient le monde à de grands progrès dans le rationalisme. Il ne fait aucun doute que ces nouvelles règles américaines d'égalité politique, phares de la liberté que les hommes peuvent suivre et admirer, ont été inspirées et encouragées par ces nouvelles lumières de la littérature qui, à cette époque, remuaient le monde de la pensée. Dans ces célèbres documents américains, étaient incarnées l'application pratique des principes énoncés et suggérés par les écrivains européens, et les plus actifs des hommes engagés dans la noble œuvre de formation du nouveau gouvernement sont connus pour avoir été des disciples de ces derniers. dirigeants de la pensée antithéologique . Notre Déclaration d'Indépendance et notre Constitution fédérale représentent aujourd'hui de grandes réalisations de la pensée scientifique moderne et des triomphes remarquables du rationalisme sur les méthodes anciennes, préfigurant dans ces grandes œuvres une meilleure sagesse pour gouverner les affaires des hommes que tous les âges guidés par la tradition hébraïque. Pourtant, dans ces documents, on verra un débordement de religion naturelle et de l'esprit du Maître. « Faites aux autres ce que vous voudriez qu'on vous fasse. »

Si, depuis plus de quinze siècles, nous nous sommes livrés aux doctrines qui nous ont été transmises par tous les chemins de la vie, si assidûment que ni l'enfance, ni la jeunesse, ni l'âge adulte, ni la vieillesse n'ont échappé à leurs infatigables importunités d'acceptation ; doctrines, qui condamnent les sept huitièmes de l'humanité à la torture éternelle, sans faute de la plupart d'entre eux, mais par manque d'opportunités, qui sous la Providence ont été refusées, il n'est pas déraisonnable de conclure, avec cette expérience de la mutabilité de la compréhension humaine, que il existe d'autres croyances ancrées dans notre esprit par des siècles de coutumes et de pensées erronées, également intenables, et qui peuvent être tout aussi justement placées dans notre catalogue d'erreurs. Où donc chercherons-nous la vérité ? L'autorité, nous l'avons vu, n'est pas un guide infaillible. Nous ne saurons jamais dans quelle mesure la promulgation assidue de l'erreur est due à l'amour égoïste du pouvoir corporatif, combien à une pure bienveillance. Les esprits les plus brillants ne sont pas non plus des moniteurs sûrs de toutes les choses de la pensée. Aristote a défendu l'esclavage, la persécution de Hobbes, la sorcellerie de Johnson et la superstition religieuse de Gladstone ; mais, pour autant, nous n'arriverons jamais à l'extrême du désespoir ; car la culture de l'esprit, l'usage déductif de la connaissance positive et l'exercice sans entrave de la raison conduisent à la vérité aussi directement que la ligne de gravité pointe vers le centre de la terre, et ce n'est que par eux que son règne sera établi. dans le monde.

WS

INTRODUCTION.

MON habitation est sur le plateau d'une montagne en Californie. Je suis entré dans cette région et suis devenu colon par un événement fortuit. Il y a environ trente-cinq ans, j'ai fait une sortie estivale suite à une demande proche des affaires dans la métropole et je suis venu ici pour une chasse au cerf. Un de ces beaux animaux que j'avais blessés avec mon fusil me conduisit plus loin que je n'avais prévu d'aller dans cette localité sauvage et pittoresque, et je suis ainsi arrivé à cet endroit, comme je crois, le premier homme blanc qui y ait jamais mis le pied . . Arrivé ici tard dans l'après-midi, je me suis retrouvé trop loin de mon chemin pour revenir à la lumière du jour, et alors, allumant un feu, j'ai passé ma première nuit seul dans cet endroit étrange. C'était la première fois de ma vie que je dormais là où une créature humaine n'était pas au son de ma voix, et de cette nuit je date un changement de sentiment, de pensée et de sentiment, qui a modifié ma carrière et m'a fait , ce que j'ai choisi d'être, un reclus.

Je vivais dans le monde depuis une trentaine d'années, dans le cadre artificiel d'une ville. J'avais à peine regardé le ciel et les cieux, sauf entre les marges des toits opposés. J'avais vu dès mon enfance, sans émotion, le lever et le coucher du soleil sur un horizon de cheminées et de clochers ; et lorsque ces expositions se sont présentées pour la première fois à moi ici, dans cette atmosphère cristalline, avec une étendue de cette altitude si nouvelle pour moi, elles sont apparues comme une révélation. Il me semblait avoir été soudainement introduit dans le monde et observer pour la première fois de ma vie les phénomènes prodigieux qui m'entouraient.

Jusqu'à ce moment, je n'avais pas encore réalisé la magnificence et les merveilles prodigieuses que le ciel offre à notre observation. C'est ici aussi que je commençai pour la première fois à jouir de ces beaux et curieux processus de la nature, où les germes éclatants, s'élevant peu à peu hors du sol, changent de forme, multiplient leurs organes, et après un certain temps se couronnent d'une lumière brillante et brillante. fleurs délicieusement parfumées. Dans ma nouvelle observation et intimité avec la croissance des plantes, avec une certaine connaissance préalable de la science qui s'y rapporte, et avec un plaisir nouvellement découvert à marquer les changements de position et les caractères des corps célestes par l'acquisition avide de toutes les informations contenues dans mon atteint, j'en suis venu à renoncer, sans regrets, aux plaisirs sociaux de la vie.

Grâce aux lois libérales de mon pays, je suis devenu propriétaire de cet endroit attrayant et jusqu'à présent, j'ai choisi de le conserver dans son état naturel. Je suis venu ici un jeune homme. Je suis maintenant vieux. Trente-cinq ans de ma vie se sont consacrés à cette élévation, avec un auto-bannissement de la société, sans diminuer le moins du monde mon intérêt pour les affaires humaines. Ma communication avec le monde se fait principalement à travers les livres. Un ou deux hebdomadaires et toutes autres publications que je pourrais commander me sont laissés dans un arbre creux à plusieurs kilomètres de là par le messager du district ; et ainsi aucun événement important ou nouvelle découverte dans le monde ne m'échappe.

J'ai construit de mes propres mains une cabane très commode et confortable, ainsi que des dépendances qui abritent mes volailles et deux douces vaches, qui, trouvant une nourriture abondante dans les herbes naturelles des environs, viennent régulièrement me voir à la traite. temps, apparemment autant pour le plaisir d'être caressé que pour me fournir la principale nourriture de ma vie.

Il y a une vapeur de truites au centre de ma possession, avec des expansions çà et là, qui me servent de lieux de baignade, et à partir de laquelle une boisson pure et fraîche est fournie aux quelques animaux domestiques qui m'entourent. Ce ruisseau coule au fond d'un creux et est si surplombé par les hautes branches des arbres qui poussent sur ses bords que la lumière du soleil n'y entre que par taches et est réfléchie par la surface agitée de l'eau pour en marquer la direction. manière détournée avec l'apparition d'une ligne de miroirs clignotants. Le corps dense de feuillage environnant, provenant d'au moins une centaine de variétés d'arbres et d'arbustes, est teinté d'une panachure de couleurs rarement vue en dehors des tropiques. Ce lieu charmant a ses voix, aussi agitées que les lumières et les ombres qui s'y jouent. Chaque cascade miniature a sa note liquide ; tandis qu'à certaines heures, de tous les coins du feuillage, au-dessus, vient une mélodie confuse d'oiseaux qui, j'ai des raisons de le croire, s'y rassemblent pour se divertir et pour bavarder.

En dehors de cette région arrosée, ma ferme est parsemée d'ouvertures, où le riche terreau n'attend que le travail de la culture pour produire une richesse de céréales ou de fruits. Chaque arbre et arbuste en ma possession sur un demi-mile carré, par une longue familiarité, semble être devenu une partie de moi-même. Nous vivons et vieillissons ensemble. J'ai observé chez eux le développement de l'enfance, l'approche lente et graduelle de la jeunesse et le tournant de la maturité vers la vieillesse. Parmi ces vieux monarques des bois, il y en a çà et là un qui porte les signes d'une décadence surannée. Autour de leurs pieds se trouvaient nombre de leurs membres flétris et sans sève. Ils ont perdu leur symétrie et présentent une silhouette décharnée. Je vois d'année en année leur abandon progressif de la vie, tandis qu'à côté d'eux surgit une nouvelle génération. Il y a une camaraderie entre nous. Mes cheveux deviennent fins et blancs et ma démarche n'est plus ferme et élastique. Comme eux, ma part de vie touche à sa fin, et pourtant je suis un bébé d'années comparé à beaucoup d'entre eux. Je m'incline devant eux avec un sentiment de respect. Ce sont mes vieux. Les plus jeunes sont mes enfants, les miens ! Quelle grande chose que de les avoir en ma possession, de détenir en mon nom propre un morceau aussi précieux de cette terre fleurie, où toutes les forces mystérieuses travaillent jour et nuit pour moi seul !

J'en suis également venu à avoir un intérêt constant pour les créatures qui, par nature, sont les habitants de cet endroit. Il y a longtemps que j'ai abandonné mon arme comme instrument de destruction, et elle repose maintenant sur ses piquets au-dessus de mon oreiller uniquement comme moyen de défense. Petit à petit, j'ai gagné en confiance avec les oiseaux et les animaux indigènes qui m'entourent, de sorte que c'est merveilleux de voir combien d'entre eux m'accueillent et apprécient ma présence. A l'heure du repas, des myriades de cailles et d'autres oiseaux pullulent dans mon poulailler, qui, avec une assurance amusante, courent à mes pieds et se disputent les miettes que je disperse. On voit souvent les écureuils gris sortir de leurs cachettes dans les arbres pour venir à ma rencontre, dans l'attente de leur goût habituel de grains de blé, qui sont rangés pour eux dans mes poches. J'ai trois cerfs de compagnie, tout à fait apprivoisés et domestiqués, dont la connaissance intime s'est faite d'une manière singulière. Assis sur le pas de ma porte, par une belle après-midi, j'écoutais depuis quelque temps les aboiements des chiens dans les montagnes voisines, quand soudain vint vers moi, bondissante, terrorisée, une biche tremblante et les yeux radieux fixés sur moi, semblant invoque ma pitié, elle se jeta littéralement dans mes bras. Constatant la situation d'un coup d'œil, j'ai essayé de la forcer à entrer chez moi avant l'arrivée des chiens. Trop tard pour cela, je ne pouvais que m'armer d'un bâton de mon tas de bois, lorsque toute la meute hurlante était sur nous. Ce fut un combat dur, et ce n'est qu'après de nombreuses morsures et égratignures de la part des chiens déçus que je les ai vaincus. Je l'ai gardée quelques jours dans une dépendance sécurisée, où lui sont nés deux beaux faons ; et depuis, la mère et sa progéniture sont mes animaux de compagnie préférés, me suivant comme des enfants. Mes relations avec d'autres créatures des environs, bien que moins intimes, sont encore d'une nature si confidentielle qu'elles ne manifestent aucune terreur à mon approche, et je peux ainsi me rendre compte, par cette libre exposition d'elles, à quel point elles regorgent de vie animale. est la terre dans ses parties les plus favorisées.

Au cours de mes premières années, j'ai ressenti les vents froids et les chaleurs torrides d'autres climats. Je me repose maintenant dans l'heureuse satisfaction d'avoir trouvé dans cette température égale et cet environnement agréable un lieu où l'on peut considérer la vie comme une bénédiction. J'ai acquis suffisamment de connaissances dans certaines sciences pour fabriquer un instrument ou deux qui me seront utiles, et je m'intéresse particulièrement à mon télescope d'une ouverture de trois pouces, à l'usage duquel je passe de nombreuses heures qui, autrement, pourraient peser lourdement sur moi. mes mains. J'ai aussi un bon microscope et une lunette de champ. À travers ce dernier, je fais voir les collines et les sommets lointains, observant fréquemment des groupes de cerfs broutant tranquillement, et parfois une famille de panthères gambadant sur le tapis vert d'une ouverture, ou un aigle nourrissant ses petits sur le bord inaccessible. d' un précipice; et, plus rarement, un ours grignotant avec complaisance des glands sous un vieux chêne prolifique à un kilomètre et demi de là. Mon microscope m'a révélé un monde de merveilles. J'y ai découvert l'étendue limitée de nos sens, et jusqu'où s'étend l'infini au-dessous et au-dessus de nous. Je tâtonne dans l'obscurité de ma compréhension entre un atome et la limite extérieure des étoiles, chaque pas vers l'un ou l'autre montrant une augmentation de la distance. Je poursuis ces choses, non pas avec l'esprit et l'application d'un étudiant, mais plutôt pour le divertissement qu'elles fournissent et la méditation qu'elles suscitent. J'ai appris tout ce que l'on sait des mouvements et des excentricités des corps célestes dans ma vision télescopique, et je ne les regarde jamais sans ravissement. Quels sont tous les autres spectacles à cela ? Combien de ces innombrables mondes sont habités ? Quels êtres se trouvent sur eux ? Comment se comparent-ils à nous ? Leur a-t-il été donné de comprendre l'éternité ? La connaissance avec eux est-elle intuitive ou acquise ? Ainsi je me perds dans ces imaginations déroutantes.

Il peut sembler que j'ai évité de prendre part aux soins et aux devoirs de l'association humaine. Si c'est le cas, ce n'est pas par manque de sympathie envers les miens. Je regarde mes semblables de mon point de vue distant et quelque peu isolé, sans le détournement habituel des affaires actives, et ma pitié et mon admiration sont éveillées. Les souffrances et les chagrins de mon espèce me paraissent épouvantables de cette position, tandis que leur héroïsme dans la lutte pour la connaissance me semble grandiose au-delà de toute expression. Je me sens au milieu de la civilisation, et pourtant en dehors d'elle. Si j'ai été perdant de ce manque d'usure sociale qui suscite les activités de la pensée, il est néanmoins certain que je n'ai pas été soumis à une combinaison de ces influences qui rendent une erreur plausible. Les opinions et les pensées du monde me viennent et je les passe en revue avec un sentiment complet de la faillibilité de l'opinion individuelle, ainsi qu'une foi inébranlable dans l'approche constante de cette vérité collective qui, tôt ou tard, répandu le monde.

CHAPITRE I.

MON télescope est monté dans un appartement attenant à ma cabine, avec une exposition élevée, et dispose de quelques dispositifs supplémentaires pour faciliter le réglage, conçus et construits par moi-même. L'instrument peut être élevé et abaissé à volonté et est protégé par un dôme mobile, qui se range facilement au moyen de deux poulies. C'est un bon modèle et, pour sa taille, il possède une puissance remarquable. J'ai pu atteindre avec elle des étoiles doubles de sixième grandeur, observant fréquemment même Orion, avec ses magnifiques systèmes doubles et multiples. Je peux facilement découvrir avec elle la planète Neptune la plus lointaine, et par leur déplacement progressif, j'ai vu et reconnu avec elle la plupart des astéroïdes. Je peux ainsi avoir une belle vue de Jupiter, cette magnifique planète mille quatre cents fois plus grande que notre Terre, et observer les taches noires à sa surface et le transit de ses lunes. Le grand spectacle de Saturne et de ses anneaux s'offre à mon observation avec une clarté remarquable. J'ai si souvent regardé les cavernes lugubres et les montagnes imposantes de notre satellite, la Lune, que ses marques et ses limites me sont aussi familières que les collines voisines. Mais la vie est courte, et au milieu de toute cette mer illimitée de mondes, je n'ai fixé mon attention que sur un seul, pour cette étude spéciale que me permettront les quelques années qui me restent. L'astre qui retient le plus mon attention est, outre notre satellite, le plus proche de nous, notre planète voisine Mars.

Je crois que ce corps est habité par des êtres semblables à bien des égards à ceux de la terre. Ma conclusion est tirée de nombreux faits connus à ce sujet. Mars a une atmosphère comme la nôtre. Sa densité ne diffère pas sensiblement de celle de la Terre. La chaleur qu'elle reçoit du soleil, éventuellement modifiée par les conditions atmosphériques, est fort probablement la même que la nôtre. Elle présente des zones de températures variables et des saisons d'été et d'hiver comme la Terre. Ses journées sont à peu près de la même durée que les nôtres. La glace et la neige de ses régions polaires sont clairement perceptibles et varient en arriérés exactement en fonction de ses positions changeantes et de ses distances au soleil. D'où nous pouvons inférer sans aucun doute que son atmosphère contient de l'humidité de même composition chimique que la nôtre, et qu'elle se condense en pluie et en neige comme chez nous.

Il existe cependant des différences frappantes entre Mars et la Terre. Son diamètre est un peu moins de la moitié de celui de notre planète, et sa surface ne représente qu'environ un quart de la nôtre, tandis que son volume ne représente qu'un septième partie de notre globe. De plus, au lieu d'un seul satellite comme le nôtre, il a deux lunes qui tournent autour de lui dans des directions opposées, dont aucune en termes de taille ne peut être comparée à la nôtre.

Mes connaissances en astronomie n'étant pas profondes, j'ai eu le plus grand plaisir et la plus grande satisfaction de vérifier, par mes propres observations, les calculs et les théories des savants les plus compétents. En ce qui concerne Mars, il est peut-être inutile de dire qu'il existe une diversité d'opinions parmi les astronomes concernant ses conditions physiques. La couleur rouge inhabituelle de sa lumière réfléchie, ses taches claires et sombres et la variation observée dans les formes qui s'étendent sur son disque sont expliquées différemment. C'est donc parmi de telles questions que mon imagination et mon ingéniosité sont libres de s'exercer, et le désir de régler certains de ces points controversés à ma propre satisfaction augmente l'avidité de mon observation.

J'ai observé pendant de nombreuses années, avec plaisir, quand Mars serait en opposition, ou en d'autres termes, quand, au cours de sa révolution sur son orbite, elle se rapprocherait le plus de la Terre. Ces événements qui surviennent environ tous les deux ans sont pour moi des vacances de plaisir et de plaisir. Il existe cependant des oppositions de Mars plus rares, qui ne se produisent que deux fois par siècle, lorsque la distance qui nous sépare est réduite à la plus petite limite ; et j'ai eu la chance d'avoir une vue plus fine de ce corps céleste à cette distance plus courte que peu d'êtres humains vivants actuellement.

On peut facilement imaginer quel événement extrêmement intéressant cela représentait pour moi. Quelques jours avant son point culminant, j'ai observé sa progression se rapprocher de plus en plus de la Terre. Chaque nuit suivante me montrait ses proportions lentement agrandies et la plus grande distinction des objets à sa surface. Il y avait ici un monde d'êtres, sans aucun doute, avec des objectifs et des entreprises comme les nôtres, roulant tête baissée dans les cieux à une vitesse connue de cinquante-quatre mille milles à l'heure. Cette planète approchait désormais, heure par heure, de sa plus grande proximité possible avec la Terre. Afin de ne pas perdre de temps à dévorer, pour ainsi dire, ce spectacle inhabituel, j'avais muni mon télescope d'une sorte d'appareil d'horlogerie, grâce auquel il suivait exactement le rythme de Mars dans sa course vers l'ouest. Durant ces quelques jours, j'avais oublié tout le reste dans mon empressement à me régaler les yeux de ce spectacle rare. Les nuits avaient été propices à l'observation ; et chaque soir, après avoir tourné mon instrument vers la planète qui approchait rapidement, mon intérêt devenait si fasciné et absorbé que tous mes besoins physiques ordinaires étaient supprimés. J'avais perdu, au cours de ces quelques jours d'excitation mentale, toute envie de manger et de dormir. Personne ne pouvait être plus libre de superstition que moi, et pourtant mon esprit était troublé par une inexplicable prémonition. Cela donnait une certaine anxiété de penser que la nuit même du point culminant, alors que mon intérêt serait à son comble, un changement de temps pourrait interrompre la scène. Mais à part cela, dans mon état quelque peu fiévreux, je ne pouvais réprimer le sentiment d'un événement imminent et capital dans mes affaires personnelles. Une influence étrange semblait perturber l'état tranquille et placide habituel de mon esprit. Je m'en suis cependant réveillé et je suis devenu tout à fait moi-même lorsque le soleil s'est couché le soir de mon espérance et j'ai laissé une atmosphère aussi parfaite que je pouvais souhaiter. Le ciel était calme et clair, avec juste assez d'humidité pour augmenter sa transparence. Les bruits ordinaires du soir semblaient apaisés. Ni l'engoulevent ni la chouette ne semblaient à l'étranger, et le bruissement habituel des feuilles et le balancement de la cime des arbres étaient supprimés par un calme qui me paraissait étrange. La journée avait été moyennement chaude, et les odeurs distillées par le soleil des sapins et des pins, condensées par la fraîcheur du crépuscule, remplissaient l'air d'un parfum agréable, comme si la nature brûlait de l'encens dans la célébration de quelque rite ancien, pendant autour duquel tout ce qui vivait et respirait semblait s'incliner dans une révérence silencieuse. Je n'avais jamais su jusqu'à présent quelle assurance il y avait dans les sons naturels qui tombaient la nuit sur mes oreilles. Dans ma maison de montagne, aucun sentiment de solitude ne m'avait jamais envahi auparavant. J'éprouvais maintenant un désir particulier d'entendre une voix humaine, d'avoir un compagnon sur lequel je pourrais me décharger des suggestions et des croyances relatives au sujet de mon enquête et de mon étude. Mon esprit était rempli de conclusions touchant à la condition physique de Mars, que chaque nouvelle observation tendait à corroborer. J'avais ma théorie à donner de sa lumière rose. J'avais vu les nuages se déplacer à sa surface, ses neiges polaires et son atmosphère même. Je ne doutais plus qu'elle fût habitée, et l'attente de la voir bientôt dans son opposition la plus favorable avec la Terre s'accompagnait du désir ardent qu'une créature humaine puisse partager avec moi ce rare spectacle.

Alors que le crépuscule s'estompait, je regardais à l'œil nu vers l'est, et mon autre monde montrait sa lumière rouge près de l'horizon comme un soleil levant en miniature. A minuit, il atteindrait son point culminant, en le regardant à travers la plus petite épaisseur possible de notre atmosphère dans sa position verticale, je le verrais comme aucun être humain ne pourrait le revoir avant plus d'un demi-siècle. Le silence et la tranquillité oppressants demeurèrent ininterrompus, et tandis que je m'asseyais dans mon observatoire et ajustais le télescope, je ne me sentais pas tout à fait dans ma vigueur de santé habituelle. La température s'était sensiblement élevée, alors qu'elle avait habituellement baissé à mesure que la nuit avançait. L'air était étouffant. Une sensation de malaise m'envahit. Il me vint à l'esprit maintenant que j'avais abusé de moi-même en négligeant longtemps le sommeil et les repas réguliers. Mais à peine avais-je mis mon instrument au point que j'étais à nouveau moi-même. Notre belle voisine montait au ciel, reflétant la lumière du soleil dans une délicate teinte cramoisie et dont la taille dépassait mes attentes. Je pourrais clairement marquer sa rotation sur son axe en notant les mouvements lents des taches sur son disque et leur disparition soudaine sur son membre. Les heures me semblaient des minutes. Ma fatigue et ma maladie étaient oubliées. Dans mon ravissement de jouissance , le souhait persistant augmentait qu'un semblable puisse le partager avec moi. Mon télescope, en traçant la course de la planète, avait presque atteint une position verticale, lorsque je fus étonné de voir le monde lointain disparaître tout à coup et se mettre à vibrer d'avant en arrière au-dessus de l'ouverture de mon instrument. Un moment de réflexion expliqua la question. La Terre avait tremblé. Cependant, le trouble qui m'entourait était si insignifiant qu'il ne s'était pas fait sentir. Mais j'avais perdu ma concentration et Mars était déjà en train de faire demi-tour. Mes grandes vacances étaient terminées.

J'ai immédiatement abaissé le télescope et remis en place son dôme protecteur. Rassemblant les quelques notes hâtives que j'avais préparées au cours de mon observation, pour référence et élaboration ultérieures, je me dirigeai vers un appartement de ma cabane qui me sert de bibliothèque et de chambre à coucher. Plusieurs étagères remplies de livres occupent un de ses côtés. Mon lit repose dans un coin. Un fauteuil se dresse à côté d' une table au centre, et sous une fenêtre proportionnellement grande, orientée vers le sud, se trouve un salon rembourré qui prétention au confort et au luxe. Je me jetai là-dessus, après avoir rangé mes papiers, et les carreaux inférieurs de ma fenêtre étant au niveau de ma tête, je regardai dans la nuit.

La lune, dans son dernier quartier, pointait juste au-dessus d'une montagne proche. Sa lumière, en partie obstruée par un réseau de cimes d'arbres, projetait des figures d'ombre et de lumière sur l'ouverture adjacente, de sorte que le sol semblait avoir étendu dessus un tapis colossal, avec des décorations fantastiques d'ébène et d'argent. L'air était devenu un peu plus frais. Une légère brise soufflait de l'ouest, et le silence, qui m'était récemment tombé si mystérieusement sur moi, était maintenant suivi d'un état normal d'agitation. À mesure que la lune montait plus haut, ses ombres fantaisistes sur le sol se dissolvaient et le plateau plat adjacent à ma fenêtre était uniformément recouvert d'une lumière claire et brillante. En regardant de nouveau, et très sensiblement impressionné par le changement d'état des choses autour de moi, j'aperçus la silhouette d'un homme, non loin de ma fenêtre ; et, chose étrange à dire, je n'étais ni alarmé ni surpris par sa présence. Son visage, dont je ne voyais guère plus que son profil, était tourné vers la lune, et son expression était incontestablement celle de l'admiration et de l'émerveillement. Ses cheveux et sa barbe longs et apparemment bien entretenus reflétaient un éclat doré sous la lumière du dessus. Ses bras étaient croisés et sa forme et son attitude m'impressionnaient comme étant majestueuses.

Tandis que je fixais intensément mon regard sur cette forme étrange, une expression de quelque chose qui manquait en elle s'empara de moi, lorsque j'observai avec surprise que, bien que me tenant sous la lumière vive et dégagée de la lune, aucune ombre n'était visible autour d'elle. Il resta quelque temps immobile comme une statue, regardant notre satellite comme quelqu'un qui n'avait jamais vu un spectacle aussi merveilleux, puis, avec l'air de quelqu'un qui se trouve en terrain inconnu, il fit un tour curieux de ma cabine, et puis il dirigea ses pas prudents vers ma porte.

CHAPITRE II.

CET étrange personnage entra dans ma cabine et, sans présentation ni signe de salutation, s'assit dans mon fauteuil comme s'il était un membre de ma maison, grossièreté apparente qui sera expliquée au fur et à mesure. J'avais maintenant la première occasion d'obtenir une bonne enquête sur mon visiteur. C'était une personne d'une beauté incomparable. Son visage était de cette nature spirituelle qu'on voit rarement sur la toile de certains de nos maîtres d'art, et il reflétait une bonté de cœur qui ne se réalise jamais que par la plus pure imagination religieuse. Sa forme était si haute et si élaborée dans son développement, que je n'en ai vu une approche que dans les meilleurs modèles. Son attrait singulier, je ne peux que le comparer à cette affinité qui vient du pur amour sexuel, captivant le spectateur avec une présence qui chasse toute pensée sauf elle. Son teint avait cette clarté et cette transparence rougeoyantes qui témoignent d'une parfaite santé. Les cheveux de sa tête et de sa barbe, longs et ondulés sur les épaules et la poitrine, étaient d'une teinte qui peut être mieux décrite comme la couleur du noisetier mûr, avec la finesse et l' éclat de la soie non tissée. Ses mains, bien que scrupuleusement propres et finement façonnées, portaient les signes indubitables du travail manuel ; et pourtant il avait l'air et les manières supérieures de celui dont la mission était d'instruire. Alors qu'il était assis devant moi , je me sentais comme un enfant en présence d'un parent aimé et aimant. L'impression que j'avais de lui était tout à fait correcte, puisque le premier mot qu'il m'a prononcé était un terme d'affection.

« Mon frère, dit-il, tu as un monde magnifique. Votre lune est magnifique.

Pour moi, c'était un début heureux. C'était là, pensais-je, un homme selon mon cœur, dont l'âme était au-dessus des choses communes de la vie. Je pourrais comparer ses notes avec lui concernant mon étude de Mars. La Providence m'avait alors envoyé enfin ce que j'avais tant désiré : quelqu'un pour partager et jouir avec moi des triomphes de mon travail ; alors je lui dis aussitôt : « Quant à la lune, elle est certainement très utile comme réflecteur nocturne de la lumière du soleil ; mais comme sa taille est relativement insignifiante et sa surface désolée et inhabitée, c'est donc un objet de très peu d'importance parmi les corps célestes. En parlant de planètes magnifiques, que pensez-vous de Mars ?

« Mars me convient », dit mon visiteur.

Pensant ma question trop générale, j'ai demandé : « Pensez-vous que Mars était habitée ?

«J'en suis une bonne preuve», dit-il. "J'ai quitté cette planète - laissez-moi voir - à votre heure, il y a environ une heure."

« Soit je t'ai mal compris, soit tu n'es pas sérieux. C'est impossible."

« Ah ! mon frère, dit-il, vous êtes très peu avancé dans la connaissance des propriétés de l'intelligence. Je suis ici par un processus qui vous est encore inconnu et que l'on peut mieux décrire dans votre langage comme une réflexion. Je suis ici par réflexion. C'est-à-dire que mon corps naturel est chez moi, sur la planète que vous appelez Mars. Son homologue spirituel est ici. Vous avez déjà une idée de cette étrange faculté de transfert d'intelligence, dans certains des phénomènes sur lesquels se fonde votre credo spiritualiste. Nous, de la planète Mars, profitons de cette découverte depuis des siècles ; et tandis que vous, sur Terre, êtes seulement capables, grâce à vos appareils scientifiques, de mesurer la taille de notre planète, de calculer sa distance, d'estimer la forme et l'étendue de son orbite et de vous livrer à quelques vagues conjectures concernant son état, nous avons fait une étude approfondie et intéressante de vos affaires sociales, y compris, bien sûr, de votre morale, de votre politique et de votre religion. Vous nous avez seulement mesurés en tant que planète. Nous vous avons mesuré en tant que peuple, et au moins l'un d'entre nous, comme vous le percevez, maîtrise votre langue. En outre, notre développement est en avance de plus de dix mille ans sur le vôtre. Nous pouvons vous en dire plus sur votre histoire que vous n'en savez vous-mêmes. À une époque que vos écrivains décrivent comme l'âge de pierre, nous avions converti l'électricité en moteur et en agent d'éclairage. Je connais vos pensées. Vous êtes surpris de ce que j'ai dit et souhaitez que je vous dise quelque chose de la planète sur laquelle je réside.

« Cela vous intéressera de savoir que c'est dans les régions équatoriales de Mars que se trouvent la plus haute civilisation et la plus dense population. Votre zone torride et la partie correspondante de notre planète sont très différentes. Chez nous, le climat est agréablement et uniformément tempéré. L'étendue de notre superficie, comme vous le savez, est bien moindre que la vôtre, mais la qualité uniforme de nos terres cultivables et la moindre surface d'eau, comparée à la vôtre, entretiennent une population dont le nombre vous étonnerait. Autant décharger votre esprit des nombreuses conjectures qui attribuent à chaque planète une qualité de matière et d'intelligence qui lui est propre. L'univers tout entier est une unité, comme votre spectroscope et les corps de l'espace qui tombent de temps en temps sur votre surface ont dû vous le suggérer. Des états variables de densité et de température modifient les formes et les organes de la vie animale et végétale, mais la matière est partout la même.

« Vos chimistes viennent d'arriver au point de connaissance où se trouvaient les nôtres il y a quarante siècles. Les vôtres reconnaissent plus de soixante formes de matière comme simples et élémentaires, tandis que les nôtres les ont toutes réduites à une seule, l'unité à partir de laquelle toute la création est formée. Vous pouvez en déduire que notre découverte de la nature composée des métaux nous permet de les fabriquer à plaisir. Ce fut pour nous une connaissance très heureuse et opportune, car ils sont très peu répandus sur notre planète. Ce sera sans doute une chose étrange de vous dire que l'on fabrique l'or à moindre coût que le fer, et que par conséquent c'est le métal le moins cher en usage. Vous êtes sur le point de me demander si nous fabriquons des diamants. Nous les fabriquons depuis des siècles. Nos usines les fabriquent en masse pour les parties ornementales des bâtiments, pour lesquelles ils sont remarquablement adaptés en raison de leur éclat et de leur indestructibilité.

Mon étrange visiteur s'arrêta un peu ici, avec l'intention évidente de lire dans mes pensées et de jouir de ma surprise. Alors que je m'émerveillais des grandes choses que la science chimique avait pu réaliser par d'autres moyens, il a semblé anticiper ma question.

« Mon frère, dit-il, nous devons à la science chimique bien plus que je ne puis l'énumérer. Chez nous, comme chez vous, un grand nombre de substances communes et abondantes ne diffèrent que très peu, par leur composition chimique, des autres qui sont très demandées pour les besoins de la vie. La science chimique nous permet de convertir à volonté l'un en l'autre. Ainsi, à partir du bois, nous fabriquons du sucre, de l'amidon et de nombreux autres produits utiles. Par la double décomposition de l'air et de l'eau, nous générons une chaleur qui, du point de vue de l'économie et de la facilité de régulation, est meilleure que tout ce que l'univers peut offrir. L'utilisation maladroite, impure et peu pratique du bois et du charbon comme combustible est pour nous une pratique du passé.

« Mais la chimie nous a rendu un service infiniment plus grand. Cela nous a permis de nous assurer un approvisionnement alimentaire grâce au processus de synthèse, auquel nous pouvons recourir, en cas de pénurie ou de mauvaises récoltes, pour éviter la famine. Vous savez, au stade actuel de vos connaissances chimiques, que tous les produits alimentaires sont composés de quatre ingrédients simples, le carbone, l'oxygène, l'hydrogène et l'azote, présents en abondance dans l'atmosphère et son mélange naturel. Celles-ci, avec deux ou trois matières terreuses provenant du sol, constituent les constituants de toute nourriture. Nous prévenons leur lente assimilation par les organes des animaux et des plantes, et, grâce à notre habileté chimique, nous sommes capables de les combiner dans des proportions convenables pour former les éléments immédiats de toutes les variétés d'aliments, ne manquant que du goût et de la saveur de l'environnement naturel. approvisionnement et, pour cette raison, n'est utilisé que lorsque la nécessité l'y oblige.

« Nos progrès en chimie synthétique nous ont permis d'imiter les produits de la nature sous bon nombre de leurs formes organiques. Outre les composés azotés que nous produisons pour maintenir la vie, nous produisons de nombreuses substances équivalentes à celles que l'on obtient exclusivement à partir de la vie animale et végétale. On obtient ainsi des succédanés du cuir, de la corne, de l'ivoire, mais aussi des graisses et des huiles, de l'albumine, du gluten, de l'amidon, etc., etc. ; la plupart d'entre eux sont meilleurs et sous des formes plus pratiques pour les usages industriels et culinaires que ce que la nature leur fournit. Nos tissus textiles sont entièrement issus de cultures végétales, et nous leur donnons une qualité de conduction lente ou rapide de la chaleur en fonction de leurs usages d'été ou d'hiver.

« Vous pouvez déduire sans risque de ce que j'ai dit que nous n'abattons aucun animal pour nous nourrir ou nous vêtir. Nous n'avons jamais pratiqué une telle cruauté démoralisante. Nous n'avons jamais connu d'exemples féroces de bêtes et d'oiseaux de proie, et nous n'avons pas de vastes étendues désertes sur lesquelles ils pourraient vivre et prospérer. Nos animaux, dont la variété est limitée par rapport aux vôtres, sont tous domestiqués, et nous les traitons si uniformément avec bienveillance, qu'au lieu de nous éviter, ils courtisent notre société. Nous avons une créature propre et belle, beaucoup plus petite que votre vache, qui nous donne du lait. Il est remarquablement intelligent et est souvent admis dans nos maisons pour allaiter nos enfants, qui en prennent beaucoup d'affection. Nos parcs urbains sont pourvus de ces animaux et il est courant de les voir gambader avec les enfants et se soumettre tranquillement à leur nourriture.

«Cela fait partie de notre religion de croire que chaque être vivant est lié, quoique de loin, à nous-mêmes, et à ceux d'entre eux en particulier qui sont mis à notre service, nous avons non seulement une obligation de bonté, mais le soin de l'attention. dans la maladie et la vieillesse. Nous avons donc aménagé pour eux des lieux de retraite. Les bonnes relations qui existent depuis des siècles entre nous et toutes les espèces animales ont modifié leur conduite à notre égard d'une manière qui vous frapperait et vous ferait croire qu'ils possèdent plus d'intelligence que vous ne leur en croyez. Ils viennent nous voir dans leurs ennuis et se soumettent de la manière la plus humaine au traitement médical dans leurs hôpitaux. Vous seriez intéressé de noter la familiarité amicale qui existe entre nous et nos oiseaux, qui, par l'éclat de leur plumage et de leur chant, sont bien en avance sur les vôtres. Ils abondent dans nos parcs urbains, et il suffit d'ouvrir la fenêtre et de siffler pour qu'ils entrent en trombe dans l'appartement, se livrant à un concert de chants, perchés sur les meubles, comme un heureux privilège. À toute autre occasion, quand on vient silencieux et seul , nous savons ce que cela présage, et on le porte tendrement à l'hôpital des oiseaux.

« Vous avez, risquai-je de demander, des chemins de fer et des bateaux pour le transport ?

« Nous n'en avons pas, » répondit mon visiteur, « et nous n'en avons pas non plus besoin, pour des raisons faciles à expliquer. Il existe deux conditions sur notre planète qui rendent la navigation aérienne entièrement sûre et réussie. Ils représentent la plus grande densité de notre atmosphère et la force de gravité diminuée par rapport à la vôtre. Nos vaisseaux aériens, comme vous les appelleriez, sont facilement conçus pour soutenir et déplacer de grosses cargaisons, grâce à des chambres à vide et des moteurs électriques. Nos inventeurs ont depuis longtemps surmonté les difficultés des courants de vent contraires, et ces vaisseaux, d'usage public et privé, peuvent être vus constamment se mouvoir dans toutes les directions et à toutes les altitudes, avec peu d'accidents graves.

« Il n'y a pas de grands océans comme le vôtre sur Mars, et nos rivières sont si petites qu'elles ne servent pas aux fins du commerce. Vous remarquerez donc que nos facilités de navigation aérienne nous ont été accordées comme moyen de transport, à la place des voies navigables commodes dont vous jouissez. Comme vous pouvez vous en douter, étant donné la petite taille de nos rivières, il n'y a pas de vastes bassins d'eau montagneux à notre surface. Au lieu de vos mers immenses, désolées et battues par les tempêtes, nous avons une série de lacs, de taille variable partout, mais aucun d'entre eux ne dépasse soixante-quinze de vos milles de long et quarante de large .

« La densité relative entre l'eau et le corps animal étant telle sur notre planète qu'elle rend impossible la possibilité d'une noyade accidentelle, la peur et l'horreur qui existent chez vous d'une immersion involontaire dans les profondeurs sont totalement inconnues. Nos nombreux lacs sont donc des théâtres de divertissements des plus agréables et, ce qui serait pour vous, des plus téméraires. Le renversement d'un bateau avec son chargement d'excursionnistes, n'importe où , n'aboutit qu'à une ébat inoffensive. Le corps humain ne s'enfonce dans l'eau qu'un peu au-dessus de sa moitié, et nous avons trouvé, par des attaches en forme de toile aux mains et aux pieds, un moyen de propulsion si rapide qu'il est presque égal à notre locomotion la plus rapide sur terre. Durant nos longs étés, lorsque la température de l'eau est agréable, les balades sur le lac, notamment par les jeunes, comptent parmi les divertissements les plus appréciés. Cet état de densité, pour vous, étrange, est à l'origine d'un état de choses qui tient de l'humour, bien qu'il entraîne beaucoup de perplexité et de contrariété au niveau domestique. Nos enfants se lancent dans l'eau pendant la saison estivale aussi naturellement que vos oiseaux aquatiques, et la perte de progéniture sur les lacs, à cet âge tendre qui les empêche de connaître la direction du retour, est la source d'une immense quantité de perturbations parentales et inquiétude. L'égarement des enfants sur les eaux n'est cependant accompagné que de peu de dangers ; car, si par quelque possibilité ils restent inaperçus pendant la nuit, ils peuvent, grâce à la flottabilité de leur corps, dormir tranquillement et délicieusement sur le dos, se reposant sur les coussins des eaux jusqu'à ce qu'ils soient secourus, comme ils sont sûrs de l'être sur le dos. le lendemain, par l'un des nombreux dirigeables qui effleuraient constamment la surface.

« Notre terre est généralement ondulée, et il y a un mouvement constant de l'eau dans les canaux reliant ces petites étendues d'eau, non pas dans une direction uniforme vers la mer, comme chez vous, mais dans toutes les directions, nous économisant ainsi une énergie pour les travaux mécaniques. des buts que rien de mieux ne peut être conçu.

« Nos villes, comme vous pouvez l'imaginer, ne sont pas situées comme les vôtres ; mais comme un endroit vaut un autre pour un point de distribution, la règle a été de les construire là où les conditions sont favorables, dont on considère principalement la santé, le confort et le plaisir de leurs habitants. Ce serait une injustice pour nous de croire qu'avec notre longue période de développement et de progrès, nous n'avons pas réalisé quelque chose de loin devant vous en matière d'appareils sanitaires et d'économie de travail qui nous concernent, en particulier dans nos districts métropolitains. En premier lieu, nous n'utilisons aucun bois dans la construction de nos bâtiments, ayant découvert depuis longtemps une tendance, lors de sa lente décomposition, à absorber et à retenir les germes de maladie et de malpropreté. Sa durabilité n'est pas non plus satisfaisante ; et sa facilité d'inflammabilité et son manque de résistance le rendent impropre à nos besoins. Nous employons plutôt un alliage métallique inconnu de vous, susceptible d'un grand poli, aussi inoxydable que l'or, et avec ce caractère de pénétrabilité qui permet la fixation avec des clous et le façonnage avec des outils, avec encore plus d'exactitude que vous ne travaillez le bois. .

« Nos villes sont construites avec uniformité. Leur croissance s'effectue invariablement du centre vers l'extérieur. Leur emplacement n'est pas une question de hasard, comme c'est généralement le cas pour le vôtre. Aucun site n'est choisi sans l'examen approfondi et l'approbation d'une commission sanitaire dont nous respectons les connaissances et la sincérité. Leur fondation est faite par l'aménagement d'une grande enceinte circulaire pour l'emplacement de tous les édifices publics, parmi lesquels, au centre et plus magnifique que tout par sa hauteur imposante et sa finition artistique, se trouve notre temple de culte. De ce centre rayonnent un ensemble de voies larges et uniformes, et celles-ci sont traversées à intervalles réguliers par des voies circulaires, qui commencent au centre et se répètent jusqu'à la circonférence sous la forme d'une série d'anneaux concentriques.

L'homme de Mars resta silencieux un moment, et je remarquai que pour la première fois son visage était un peu assombri. Il avait parlé d'un temple de culte, et cela avait fait naître dans mon esprit le désir d'entendre quelque chose sur la société et les mœurs de son peuple, et comment ils se comparaient à nous ; alors je lui ai dit : « Je vous suis reconnaissant pour votre gentillesse en décrivant certains des environnements matériels de votre peuple, mais j'aimerais beaucoup savoir quelque chose de votre vie intérieure, de vos pensées et de vos croyances, et comment elles affectent votre condition sociale.

« Mon frère, dit-il, vous désirez que je fasse une comparaison entre notre société et la vôtre. Je ne peux guère le faire sans risquer de vous faire souffrir. Avec notre plus grand avancement, nous vous considérons comme des voyageurs empruntant les mêmes sentiers difficiles. Votre voyage est encore plus difficile que le nôtre. Dans votre état actuel, vous nous apparaîtz comme un monde de discorde, de confusion et de conflits. Alors que nous étions depuis longtemps divisés en un seul peuple homogène, vous êtes toujours divisés en nations et en pays, encore vierges de l'orgueil barbare du combat. Nous n'avons qu'une seule religion. Les vôtres sont nombreux et antagonistes. Je vous ferai brièvement la comparaison que vous désirez, en espérant qu'elle ne vous apportera aucun sentiment de douleur, car, à vrai dire, la cruauté, l'intense égoïsme individuel et les étranges superstitions des habitants de la Terre passeront. loin des âges à venir.

CHAPITRE III.

« COMPARER votre société à la nôtre », commença mon visiteur céleste, « revient à décrire la différence entre votre condition intellectuelle actuelle et l'état dans lequel vous vous trouviez pendant votre période troglodyte. En examinant vos progrès, nous reconnaissons deux principales causes à l'œuvre qui nous ont régénérés, à savoir : la croissance constante de la sympathie humaine et la disparition des vieilles superstitions. Dans notre développement avancé, avec le premier d'entre eux, nous avons atteint un état de choses dans notre société très probablement au-delà de vos espérances. Par exemple, ce sentiment d'estime et d'affinité les uns pour les autres, qu'on retrouve rarement entre vous, sauf au milieu des liens de famille, nous les éprouvons entre tous. Si je devais choisir parmi vous un cercle domestique le plus raffiné et le plus correct, ses perturbations et ses inquiétudes dues aux chagrins et aux malheurs de l'un de ses membres ne représenteraient guère le sentiment d'un corps de notre peuple pour le malheur de quelqu'un. Nous sommes choqués de votre cruelle indifférence à l'égard des sentiments des uns et des autres. Quand nous voyons l'un de vous sombrer au bord du chemin, à cause d'un des maux dont vous héritez naturellement ; ou accablé, peut-être, par les conséquences d'une mésaventure, et regardé par ses semblables indépendamment de son état frappé, nous ne pouvons trouver d'équivalent entre nous, sauf dans les traditions qui nous sont parvenues de nos âges reculés.

« Vos antagonismes nationaux, vos guerres cruelles et les sommes immenses que vous avez gaspillées pour entretenir des millions de vos citoyens, entraînés dans le seul but de massacrer leurs semblables, nous considérons comme la relique la plus honteuse de votre ancien État suprêmement barbare. Alors que, par le processus de développement social, tous vos brutalismes les plus cruels ont disparu du champ de votre civilisation supérieure, le dernier, celui d'envoyer des masses de votre peuple dans un combat mortel pour le règlement des questions politiques et religieuses, est conservé pour des raisons qui ne sont pas entièrement en accord avec notre sens du droit. En premier lieu, aucun élément de justice n'entre dans l'arbitrage d'une question dont le règlement repose entièrement sur la force physique des concurrents ; et tous les règlements internationaux par ce moyen ne sont que temporaires, lorsque la partie gagnante n'a pas par hasard un sens dominant de la justice en sa faveur. Toutes vos guerres et batailles, sans résultat du côté de l'équité et de la vérité, ont été menées en vain. Vos sanglantes erreurs de jugement d'un siècle sont souvent, et sont toujours susceptibles d'être, revues et soumises à nouveau au même arbitrage sanguinaire et trompeur au cours d'un siècle suivant. Dans ces rencontres brutales, vous tachez sans remords vos mains et vos vêtements avec le sang de vos semblables, car les instincts sauvages de votre nature n'ont jamais été réprimés dans cette direction particulière. Ceux d'entre vous qui détiennent l'autorité, tant civile que religieuse, doivent en répondre. Dans le but de soutenir les projets égoïstes de vos dirigeants, ils ont institué une série de récompenses étincelantes pour les plus habiles de leurs meurtriers en masse et vous avez ainsi été éduqués à honorer le plus, ceux qui pourraient porter les coups les plus durs.

« Nous ne pouvons pas examiner les motifs qui ont provoqué entre vous presque toutes ces rencontres sanglantes et terribles, sans un sentiment d'horreur. Votre civilisation n'a connu qu'un seul de ces terribles conflits, où se trouvait en jeu une question purement humaine. Vos religions ont non seulement été utilisées pour sanctionner ce terrible carnage, mais ont même elles-mêmes participé au massacre de millions de personnes parmi vous. Vous n'êtes pas encore libérés de la sauvagerie de vos pères lointains, qui, il y a des siècles, se sont engagés dans ces luttes acharnées entre tribus et tribus, avec de forts intérêts personnels dans l'issue. La perte ou le gain d'une bataille signifiait pour eux soit une part du butin, soit de probables tortures et la mort. Pourtant, vous avez maintenu vivante cette inclination au combat collectif, alors que les pertes ou les gains individuels diminuent rarement l'incitation qui vous pousse au combat. Et même au-delà de ces rencontres physiques, vos combats de vie apparaissent, de notre point de vue, partagés entre défense et attaque, à l'image des bêtes de proie qui s'attardent encore à vos frontières.

« Votre société nous offre le spectacle d'une escarmouche continue entre vous, votre masse entière luttant pour atteindre le sommet de ses espoirs et de ses ambitions individuelles, se blessant et se meurtrissant avec une cruelle insouciance. Notre expérience nous a appris que cette condition sociale malheureuse est entièrement due au stade grossier et imparfait de votre développement. Chacune de vos nouvelles époques apporte une certaine approche vers une vie terrestre meilleure ; mais vous n'avez pas vraiment considéré ni essayé de surmonter le principal obstacle à votre progrès dans cette direction. Vous n'avez pas encore appris à vous comporter équitablement les uns envers les autres. Par votre système d'avantages inégaux, une classe est autorisée, et même encouragée, à s'en prendre à une autre. Un ou plusieurs d'entre vous entreprendront un projet de gain personnel sans le moindre souci de ses effets sur les autres. Vous avez permis, de temps en temps, l'adoption de lois ayant une tendance directe et indubitable à jeter vos richesses entre les mains de quelques-uns et, par conséquent, à accroître les difficultés du plus grand nombre. Votre génération exulte par rapport à toutes les précédentes dans ses progrès en science et en connaissance ; mais même cela n'a pas servi à adoucir ou à éliminer les aspérités de votre vie, pour la raison que la plupart des matériaux disponibles pour ce nouveau progrès ont été prostitués pour servir les intérêts d'une minorité.

« La croissance de votre amélioration sociale repose presque entièrement sur l'ensemble de votre pensée disciplinée, mais selon vos méthodes, une pensée correcte est la chose la plus rare parmi vous. Votre champ social, au lieu d'être uniformément agité et ensemencé, est cultivé par endroits et par parcelles. Même votre savoir a été converti en une arme de tyrannie et d'oppression, et il est plus souvent recherché dans l'amour de soi que pour le bien du genre. De l'impuissance de vos masses négligées et défavorisées, naissent la plus grande partie de vos accumulations individuelles de richesses.

« À notre stade de progrès, un tel état de choses est impossible. L'accomplissement d'un acte causant un préjudice ou même un inconfort à un ou plusieurs semblables dans notre société entraîne sa punition par la condamnation générale et la disgrâce qui s'ensuit. La bienveillance active, qui est chez vous un élan sporadique et exceptionnel, est chez nous une émotion toujours présente, et sur elle nous avons fondé les principaux plaisirs de la vie. Nous n'avons pas d'établissements élémosynaires, car ils ne sont pas nécessaires. Il ne peut y avoir parmi nous de souffrance de misère, puisque chacun trouve dans son entourage une main prête à secourir. Aucun orphelin négligé n'erre sans soins, car chaque famille voit ses plaisirs accrus par la possibilité de lui accorder un abri. Chaque demeure est ouverte à tous et aucune salutation rassurante n'est nécessaire pour accueillir le visiteur. Il entre dans la maison de l'étranger, comme l'étranger entrerait dans la sienne, par le droit de la fraternité universelle qui prévaut.

« L'amour de notre espèce constitue la pierre angulaire de notre religion unique, tout comme cet amour constitue le fondement sur lequel sont bâties vos nombreuses croyances. Mais alors que vos enseignements religieux n'ont pas apporté de grands fruits, les nôtres ont produit une récolte de conséquences glorieuses. Si cela peut vous intéresser, je vous dirai pourquoi.

CHAPITRE IV.

A l'aube et pendant les premières étapes de leur civilisation, les peuples de la Terre se sont retrouvés entourés de forces naturelles qui, dans leur faible connaissance des lois de l'univers, étaient attribuées aux caprices arbitraires et délibérés d'un grand pouvoir caché. être. Ils trouvèrent un pouvoir mystérieux au-dessus d'eux, et partout une preuve écrasante de conception . Le caractère impensable et inconnu de l'infini et de l'éternel n'était pas alors reconnu ; et l'incapacité de quiconque à expliquer cette intelligence et ce pouvoir invisibles a incité leur imagination à faire pour eux ce que l'enquête la plus minutieuse n'avait pas réussi à accomplir. Comme on pouvait s'y attendre, ils ont revêtu leur divinité imaginaire de leurs qualités, propensions et passions. Toute convulsion violente de la nature était considérée par eux comme un signe certain de sa colère ; tandis que l'état normal de repos et les processus non perturbés du développement et de la croissance des animaux et des végétaux étaient considérés comme des concessions en leur faveur particulière. Croyant en la supervision de la divinité sur chacun des innombrables processus de la nature, ils se sont naturellement imprégnés de l'idée qu'ils étaient chacun l'objet de sa vigilance et de son attention personnelles et, par conséquent, que toutes les fortunes et vicissitudes de leur la vie dépendait de son humeur. On peut très bien supposer qu'avec cette conception de la divinité, le but principal de la vie serait de trouver grâce auprès de Lui, de découvrir ses souhaits et d'apprendre ses commandements ; puisque, conformément à cette idée simple et grossière, le succès et le confort de chacun dans la vie dépendaient de sa conciliation. Avec ces vues de la nature et de l'univers, ils en vinrent à temps à remarquer qu'il y avait en eux des sentiments et des sentiments entièrement étrangers aux impulsions épicuriennes ordinaires qui les gouvernaient. Nous pouvons imaginer, en ces temps cruels, le guerrier se tenant debout sur sa victime prostrée, la massue levée, s'arrêtant en train de la tuer par un sentiment de pitié, et jouissant ensuite, par suite de sa compassion, d'un plaisir qui lui était aussi étrange et inexplicable. comme sa première vue d'une comète. Il n'y avait aucun motif apparent pour son acte humanitaire. Au contraire, cela l'avait privé de son butin et réduit l'honneur de sa victoire. Ainsi, toutes les inclinations à la vertu qui n'apportaient aucune récompense matérielle et immédiate étaient considérées comme aussi mystérieuses et inexplicables que la grande puissance cachée et, par une séquence de raisonnement très naturelle, comme une partie de celle-ci.

À mesure que votre civilisation progressait, on pouvait constater que les vertus, et particulièrement celles qui avaient une influence directe sur le bien-être matériel, grandissaient et se développaient. Le chemin de l'honneur ne passait plus exclusivement par le carnage et la victoire, et la possession et la culture de certaines vertus apportaient considération et respect. C'est à ce stade critique de votre progression qu'un mal plus grand que tout ce que votre peuple a connu vous a été infligé. Vous ne vous contentiez pas de contempler la divinité comme nous le faisons de loin, et d' accepter les impulsions de vertu comme faisant partie de vous-mêmes, instituées dans le but sage d'un développement personnel continu vers une meilleure vie terrestre ; mais au lieu de cela, dans votre désir déraisonnable de communiquer avec l'Auteur suprême, vous vous êtes livrés aux ruses des voyants et êtes devenus les dupes volontaires de leurs illusions.

Il n'y a rien de plus malheureux à raconter sur vous que les conséquences de cette grave erreur. Votre possession assumée des commandements et des souhaits de la Divinité sous la forme d'une révélation s'est avérée pour vous plus un malheur qu'une bénédiction. En premier lieu, cela a abaissé votre conception de la Divinité au-dessous de la nôtre. Cela a transformé votre religion en un concours. Elle a rendu possible l'établissement de certains corps ecclésiastiques parmi vous, qui, tout en assumant l'entier contrôle des mœurs de votre peuple, sont assaillis dans leurs entrailles de tous les vices qui viennent de la cruauté, de la cupidité et de l'amour du pouvoir. En outre, vos conditions formulées de punitions et de récompenses ont dégradé la religion, passant d'une culture de la vertu pour elle-même et du bien immédiat qu'elle apporte à une course égoïste, chacun luttant pour se frayer un chemin au milieu des délices célestes.

On comprend facilement pourquoi votre religion, avec toutes ses grossièretés et ses superstitions, a pris une telle emprise sur votre société. Vous êtes constitués comme nous, avec les mêmes éléments inhérents de progrès. L'augmentation constante de votre affinité pour les vertus et pour ceux qui les pratiquent est une qualité marquée de votre carrière, et comme elles conduisent toutes, d'une manière ou d'une autre, à cette union d'intérêts qui constitue l'état social parfait, vous êtes poussés ainsi par un désir naturel et providentiel de les construire. De sorte qu'en fait, étant donné qu'un amour inhérent du bien est inné dans votre nature même, vos croyances religieuses vous ont attiré vers elles et vous ont tenu dans les chaînes, sous la fausse théorie selon laquelle le bien en vous n'est qu'une contribution. de leurs sources d'approvisionnement exclusives et abondantes.

Ce fut votre malheur d'être retenu captif tout au long de votre progrès par les desseins astucieux de vos voyants et prophètes, qui n'ont pas manqué jusqu'à récemment de vous fournir un changement occasionnel de pabulum surnaturel, pour répondre aux nouveaux besoins d'un développement en constante progression.

Lorsqu'à un certain stade de votre civilisation, il y a environ deux mille ans, vous aviez atteint un point de culture intellectuelle parmi les rares, dont les fruits se sont reflétés sur vous jusqu'à ce jour, dans certaines des plus grandes réalisations enregistrées de la pensée humaine. Et tandis que les masses étaient laissées à leur chemin incontrôlé parmi des superstitions vides de sens qui ne concédaient rien à la sympathie humaine croissante, un voyant apparut parmi vous, qui servit plutôt de suggestion que de succès immédiat. Après un laps de temps suffisant depuis sa mort pour laisser toute la place à la romance, vos voyants ont construit à partir de sa mémoire une image de toutes les vertus qui avaient grandi dans vos cœurs, si entièrement adaptée au nouvel âge que toutes les forces refoulées de sympathie humaine, dans le cadre de son champ d'action et de son influence, se sont rendues à lui. Mais ce qui aurait pu être pour vous un triomphe et une aubaine dans le nouvel élan vers une humanité meilleure et plus large, gardait malheureusement en lui la machinerie subtile de vos voyants et de vos prophètes, et était gardé par leurs mauvais yeux, de sorte qu'avec cet énorme levier pour vous faire avancer dans la direction de leurs objectifs, au lieu de vous faire progresser, ils ont retourné votre civilisation sur elle-même pendant plus de mille ans. Aucun fait historique n'est plus démontrable que celui-ci. Aucune n'a été niée avec plus de persistance et d'ingéniosité, et aucune séquence naturelle n'a jamais suivi plus directement une cause motrice. D'un exercice libre et indépendant des activités intellectuelles en direction de la science, de l'art, de la philosophie et de toutes les connaissances vous concernant, de la Terre sur laquelle vous habitez et de l'univers, aussi loin que s'étend votre vision, tout le courant de votre Les pensées étaient tournées par les nouvelles doctrines vers un paradis, auprès duquel toutes les choses de la terre n'étaient que des bagatelles. Lorsque vous avez été amené, par la fascination de ces promesses et les efforts inlassables d'un corps ecclésiastique intéressé, à une croyance générale en ces doctrines, vous avez sombré dans une torpeur intellectuelle, dont vous n'êtes sorti que par une protestation de votre raison pas encore tout à fait complète. supprimé.

Vous ne pouvez manquer de constater la tendance totalement déshumanisante des influences qui vous ont entouré pendant tant de siècles. Les buts et objectifs communs de vos vies ont été submergés par le seul désir captivant d'atteindre le ciel ; et tandis que votre imagination était emportée par son image, vous étiez amené, sans hésitation, à mettre les pieds sur le cou de toute entreprise terrestre qui semblait se mettre en travers de son chemin.

Depuis le début de votre histoire , vous avez accepté un objet de culte après l'autre, chacun étant une imitation idéale de la bonté qui faisait inséparablement partie de vous-mêmes et qui vous a été donnée dans le but sage de rendre possible votre société et de parfaire votre société. il; tout comme l'instinct parental vous a été conféré pour protéger vos nourrissons. Tous ces sujets d'adoration ont parfaitement reflété votre condition intellectuelle, et ont été écartés, les uns après les autres, à mesure qu'ils devenaient obsolètes ; jusqu'à ce que vous commenciez tout juste à réaliser que pendant tous ces siècles, vous vous êtes virtuellement vénérés. Votre idéal actuel partagera, avec le temps, le sort de ceux qui l'ont précédé, et en l'absence d'une superstition dominante, vos voyants ne peuvent heureusement pas en construire une autre pour vous. Votre longue période consacrée à la poursuite des fantômes s'achève rapidement et votre nouvelle ère de rationalisme approche. Vous n'avez aucune idée juste des maux qu'elle éliminera et des gloires qu'elle vous réserve.

La différence entre votre religion actuelle et future peut être facilement soulignée. Votre religion actuelle, issue d'un long cours d'enseignement erroné, est intense, agressive et hystérique. Il se nourrit et s'engraisse des misères de la vie, qu'il n'entreprend d'éliminer que de manière méritocratique pour obtenir un effet. Votre religion du futur sera tranquille et volontaire, et sa mission principale sera de réduire en permanence au minimum les maux et les malheurs de la vie. Les impulsions de votre religion actuelle sont totalement étrangères au sens moral, un fait important facilement corroboré par un coup d'œil sur la vie quotidienne de votre peuple. Sauf dans leur observance des formes religieuses, vos dévots ne se distinguent pas de vos profanes. Les vertus pratiques ne sont pas plus grandes parmi les croyants que parmi les incroyants. Votre prochaine religion sera fondée sur le sens moral et en sera inséparable. Elle ne soutiendra aucune doctrine d'une expiation facile et pratique pour les mauvais actes, comme le fait la doctrine actuelle. Il vous apprendra qu'il ne peut y avoir de réparation complète d'un mauvais acte que par sa destruction, et qu'un tel acte, une fois accompli, étend ses conséquences désastreuses, conformément à son énormité, sur une partie ou sur la carrière entière de celui qui l'a commis. Il n'entreprendra pas de soulager la conscience d'un crime, ni de donner l'assurance du bonheur céleste aux délinquants les plus odieux, sur la base d'une adhésion insignifiante et fallacieuse à des formes religieuses.

Vos croyances religieuses particulières ont tellement façonné votre caractère que nous avons observé, ce que vous ne verrez probablement pas de vous-mêmes, certains traits ou inclinations qui ne sont pas prometteurs en tant que facteurs de votre régénération finale. Vos églises, dans le but astucieux de rendre leurs services inestimables, vous ont fait croire que vos tendances naturelles sont mauvaises et que les malheurs et les chagrins inévitables de votre vie ne sont que des pénalités pour vos nombreux méfaits. L'acceptation générale de cette croyance a diminué votre orgueil et vous a donné, dans une certaine mesure, ce caractère d'abattement et de soumission qui est entièrement subversif à la réalisation de toute destinée à atteindre par vous-mêmes.

Il y a une qualité d'esprit que nous reconnaissons comme, entre toutes, celle qui nous a aidé à atteindre notre condition sociale actuelle très désirable, et c'est le sentiment de résister à la perpétration d'un acte mesquin ou mauvais, en raison du sentiment de dégradation qu'il inflige aux sentiments de celui qui l'agit. Ce motif de conscience, si clairement issu de l'estime de soi et issu d'une culture de l'esprit uniquement, sans aucun égard pour les influences ou les enseignements de la croyance, est totalement ignoré, soit comme promoteur de la vertu, soit comme préventif du vice. par toutes les religions qui ont existé sur votre planète. La raison s'explique facilement. Sachant qu'une culture de l'esprit et de la conscience, sans influence de croyance, était capable de vous rendre un meilleur service dans l'avancement de votre moralité que ce que vos églises ont rendu, il a été fait partie de leur doctrine de rabaisser et d'abuser. vos facultés purement intellectuelles, sous l'imputation injustifiée et déraisonnable que le libre exercice de votre raison était une hypothèse au-delà de votre droit. Et tout cela aussi, face à l'évidence accablante qui vous concerne, selon laquelle vos vices les plus corrosifs et les plus dangereux ne germent et ne se sèment que dans les endroits où l'esprit est en jachère.

Il nous vient de nos âges reculés, à travers la tradition et l'histoire, un récit de certaines croyances superstitieuses, mais nous avons eu la chance de ne jamais les avoir érigées en un système aussi autoritaire et nuisible que le vôtre. On ne peut pas dire de nous que nous ayons jamais dénoncé les efforts intellectuels honnêtes dans quelque direction que ce soit, ni que nous ayons jamais considéré l'expression d'opinions fondées sur les préceptes de la raison comme des crimes, et votre punition pour cela, avec tous ses détails atroces et déchirants. , sert de leçon à l'univers entier des mondes pour ne jamais se fier aux langues douces et aux manières insinuantes des voyants, car l'esprit d'équité et de vérité n'est pas en eux. Vos restrictions et punitions de la libre expression de la pensée, inaugurées par l'organisation corporative de votre religion actuelle, et maintenues avec plus ou moins de rigueur jusqu'à présent, ont laissé leurs effets dévastateurs sur votre société en encourageant certains de vos vices les plus infâmes. L'hypothèse selon laquelle l'un de vous n'aura pas le droit de faire part à un autre de ses convictions opposées sur une question religieuse est si scandaleusement injuste qu'elle n'aurait jamais pu être appliquée d'une autre manière que par la croyance générale qu'elle était conforme aux les souhaits et les desseins du Tout-Puissant. Un tel déni du droit naturel de l'humanité ne pourrait être imposé que lorsqu'une majorité de la multitude se convertirait aux doctrines qui le favorisaient. Les dirigeants de la persécution religieuse, pendant les siècles de contrôle de l'Église, n'ont fait qu'exécuter les souhaits de cette majorité. L'esprit d'intolérance, une fois à l'étranger, est devenu le parent de ces habitudes de pensée cachée, de lâcheté morale et d'hypocrisie , qui, même à l'heure actuelle, règnent si bien parmi vous que la sincérité dans l'expression de la croyance religieuse n'est pas universelle. Par déférence pour l'opinion persistante parmi une grande partie de votre peuple selon laquelle une dissension avec les anciens modes de pensée religieuse déplaît au Tout-Puissant et est dangereuse pour la société, beaucoup d'entre vous sont constamment amenés à voiler leurs pensées sur ces questions, par crainte de les conséquences sociales qui suivraient leur franc aveu. De nombreuses tendances sceptiques sont ainsi amenées à cacher leurs convictions, de peur de perturber leur position sûre et confortable dans la société. En assumant silencieusement la peine de refuser leur soutien politique et social, votre grande multitude illogique, soutenue par leurs organisations ecclésiales vigilantes, entretient toujours un terrorisme sur vous. Par conséquent, vos écrivains sont prudents dans leurs lignes, vos orateurs publics dans leur langue, vos professeurs dans leur instruction et vos hommes d'État dans leur législation, afin que chacun ne dépasse pas les sonorités de la croyance religieuse orthodoxe, tout en connaissant votre temps. , la plupart d'entre eux sont conscients dans leurs pensées intérieures qu'ils s'efforcent d'éviter la vérité, sachant parfaitement qu'à ce jour sur terre, la promotion humaine la plus sûre est réservée à ceux qui soutiennent l'erreur dans cette direction.

Les exemples les plus lamentables que l'on puisse trouver parmi vous de cette évasion sont vos principales institutions d'enseignement. De tous les endroits, ceux-ci devraient être les premiers à conduire à la vérité, car ils sont les mieux pourvus de tous les équipements nécessaires pour la trouver ; Pourtant, dans le contexte terroriste actuel, leur situation est embarrassante et pitoyable. Tout en dispensant des cours d'évolution, de géologie, d'astronomie et de sciences apparentées, ils hésitent à nier ouvertement les erreurs scripturaires auxquelles leurs connaissances sont opposées, et le spectacle farfelu est présenté quotidiennement parmi beaucoup d'entre eux d'un respect cérémonieux pour ces erreurs, et à chaque instant. toujours une évasion astucieuse de toute négation de leur vérité, dont chacun a pour tâche particulière de réfuter au cours de l'instruction.

J'espère que vous ne déduirez pas de ce que j'ai dit que les habitants de Mars n'ont pas une grande révérence et une grande vénération pour la Divinité. En fait, c'est la croyance universelle parmi nous que l'envie qui est en nous de nous faire du bien et de rendre agréables les modes de vie les uns des autres n'est que l'incitation de cette présence divine qui nous conduit correctement dans le bon chemin. direction des choses encore meilleures à venir. Comme nous voyons dans tous les êtres vivants un développement constant vers un état de perfection, et ayant, parmi toutes les autres créatures, ce qui est en nous le plus susceptible et le plus facile de progresser dans la marche universelle, nous prenons simplement notre place dans la lignée. Ce que nous avons accompli dans cette direction dans notre gouvernement, notre société et nos mœurs nous donne un nouveau courage pour de nouveaux efforts, et si nos méthodes peuvent vous être utiles, je vous en donnerai un compte rendu plus détaillé.

CHAPITRE V.

LES habitants de Mars sont impressionnés par la conviction que les gouvernements de la Terre n'ont pas fait de grands progrès quant aux avantages et à l'utilité de leur législation au cours des deux mille dernières années. Nous reconnaissons parmi vous, comme mouvements de progrès, quelques dispositions, particulièrement dans votre propre pays, pour l'éducation gratuite du peuple, quelques soins sanitaires et un léger éveil aux intérêts de votre classe ouvrière, comme à peu près tout ce qui mérite d'être mentionné. . Il est vrai que vos gouvernements, après s'être dotés à l'origine des devoirs les plus simples, sont arrivés, avec le temps, à mesure que votre civilisation progressait, à se charger de services accrus et compliqués. Mais dans la multiplication de leurs devoirs, on ne voit malheureusement guère qu'une extension, dans diverses directions, de leurs premiers desseins ; qui peut être brièvement énoncé comme une défense contre une agression de l'extérieur et une protection de la personne et des biens à l'intérieur. Nous en sommes venus à considérer les obligations du gouvernement comme quelque chose qui va au-delà de celles-ci, et cette divergence de points de vue offre un exemple frappant de notre développement et de nos progrès.

Notre idée de la vie est que, puisque c'est tout ce qu'il nous est donné de connaître du premier au dernier stade de notre conscience, il est de notre devoir et de notre privilège de l'améliorer et d'en profiter dans la plus grande mesure innocente et rationnelle ; et qu'à cette fin, il ne peut y avoir de séparation entre les intérêts moraux et matériels ; car ce n'est qu'une honnête reconnaissance de dire que, étant constitués comme nous le sommes tous, la couronne du contentement et du bonheur n'appartient qu'à celui qui cultive avec succès les deux. Selon cette croyance, la supervision générale des affaires morales et matérielles est confiée à notre gouvernement. L'Église et l'État ne font donc qu'un avec nous, et c'est entièrement grâce au caractère rationaliste de notre religion que l'alliance s'est révélée si propice à notre progrès et à notre bonheur. Il ne peut y avoir d'union aussi pacifique et continue avec vous à l'heure actuelle, parce que de par la nature de vos doctrines religieuses, il doit y avoir un conflit d'autorité ; mais vous y parviendrez avec le temps, car c'est d'elle, plus que tout , — comme je m'efforcerai de le montrer — que viendra la plénitude de votre destinée.

Vos efforts pour supprimer le vice et le crime, depuis les premiers stades de votre histoire, sont vains à un degré qui doit vous être épouvantable, et la cause de votre échec est due à des conditions qui nous sont clairement apparentes. Ces conditions sont que vos gouvernements, pendant tous ces siècles, n'ont pris aucune connaissance officielle de la vertu et n'ont pas vu qu'il existait dans leur patronage des bonnes actions cette récompense tangible qui placerait toute ambition d'honneur et de notoriété parmi eux sur des mains intransigeantes. termes avec le mal. Vous avez seulement tenté de supprimer le crime par la punition, tandis que le puissant stimulant à la vertu que vos gouvernements offrent par les préceptes et l'exemple a été négligé. Bien que, dans votre état sous-développé d'avidité et d'égoïsme, vous trouviez dangereux de confier vos intérêts matériels entre les mains d'organismes irresponsables que vous appelez monopoles, vous confiez néanmoins la garde et la direction de votre morale aux sociétés et aux organisations de vos semblables. , qui sont encore moins responsables devant l'autorité qu'eux. Dans cet état de choses, comment pouvez-vous espérer quelque chose de mieux que votre état chaotique actuel de religion et la moralité lâche, non guidée, non récompensée et totalement spontanée de votre peuple.

Notre gouvernement, dans l'accomplissement de ses devoirs religieux, a depuis des siècles accordé une reconnaissance particulière aux vertus, et particulièrement à celles qui confèrent du bien aux autres, et ce n'est que par la pratique de telles vertus que l'on obtient les honneurs publics. Une des conséquences les plus heureuses de ceci a été de n'élever à la tête des affaires publiques que les plus exemplaires de notre peuple, et de là est née une confiance et une estime entre nos représentants et le peuple, que vous ne pouvez guère apprécier après votre expérience. La bonté, telle que nous la comprenons, est donc le seul chemin vers l'honneur, et le caractère élevé et nécessaire de tous les détenteurs de la confiance publique reflète une distinction plus grande que celle de toute autre position dans la vie. Ceci, à son tour, comme vous pouvez facilement le constater, induit un esprit d'émulation pour atteindre des lieux aussi élevés, au-delà de toute considération d'émolument.

En tant que partie intégrante de notre système moral, nous considérons l'éducation de notre peuple comme un complément indispensable et nécessaire. En cela, nous allons bien plus loin que ce que nous paraissent vos vues étroites et mercantiles. Dans un gouvernement représentatif comme le vôtre, vous avez été contraint d'adopter un système d'enseignement gratuit, afin d'assurer la sécurité et la permanence de vos institutions ; et sans autre motif même, il est surprenant que vous soyez divisés sur la question de savoir dans quelle mesure l'apprentissage peut être transmis avec profit dans ce seul but ; car, il nous semble que lorsque vous n'avez transmis à votre jeunesse que les branches élémentaires du savoir, vous ne lui avez fourni guère autre chose qu'une commodité dans les affaires de la vie. Ce n'est que lorsque les branches supérieures sont acquises que le gouvernement reçoit un équivalent de sa dépense, sous forme de citoyens disciplinés et sûrs qui lui sont rendus.

Nous avons cependant d'autres motifs dans l'éducation de nos masses, et le principal d'entre eux est le but de fournir à l'esprit de tous des connaissances à partir desquelles le bien peut naturellement naître ; et ainsi vous verrez tout de suite comment l'apprentissage est devenu l'élément principal de notre religion. Vous tardez à reconnaître la grande valeur de votre éducation purement laïque en tant qu'agent moral, en raison de son récent bouleversement avec vos chères traditions ; mais cette raison, si grande soit-elle, s'en ajoute une autre, qui explique pleinement l'opposition fervente de vos ecclésiastiques. Tant que l'enseignement de vos écoles était mêlé à l'influence et aux enseignements des croyances, il faisait virtuellement partie de l'Église et était en harmonie avec elle, mais en cas de séparation des deux, ils devenaient ennemis en vertu d'une loi sociale bien connue ; vos églises, dont le but avoué est d'améliorer vos mœurs, et vos écoles laïques, dans l'exercice de leurs fonctions, occupent le même champ de concurrence.

Vous pouvez facilement imaginer qu'avec l'impulsion religieuse ajoutée, nous avons poussé notre éducation bien plus loin que vous. Nous considérons injuste la proposition selon laquelle l'apprentissage ne devrait être accordé qu'en conformité avec la profession ou la situation dans la vie. Votre planète a toujours été en proie au mal des classes sociales, qui ne fait qu'augmenter avec l'avancée de votre civilisation. Vous ne pourrez jamais vous débarrasser de cette féconde source de perturbation que par notre méthode qui, en matière de politique publique, pousse l'éducation de chaque individu jusqu'à ce qu'il soit capable. De cette façon, nous avons complètement effacé les intérêts et les sentiments de classe. Nous avons pu le faire dans des conditions que vous ne possédez pas actuellement. Au lieu de l'esprit militaire ou martial qui prévaut chez vous, et qui est cultivé dans des buts qui nous paraissent indignes de votre âge, nous avons engendré entre nous une ambition dans les voies de connaissance qui lui tient lieu.

Nous avons des dirigeants et des héros comme vous, mais aucun n'a gagné ses honneurs par quelque acte favorisant le progrès matériel, intellectuel ou moral de sa race. Les souvenirs de vos plus grands hommes sont plus honorés par nous que par vous-mêmes. Parmi vous, chaque année, des hommes descendent dans leur tombe dont les réalisations suscitent l'admiration et le discours de tout notre peuple. Celui d'entre vous qui a découvert la théorie du mouvement planétaire, celui qui a trouvé la loi de la gravitation, et celui d'entre vous qui a établi le principe de l'évolution de la vie organique, sont à peine connus sur Terre, sauf parmi les rares personnes cultivées ; tandis que le monde entier de Mars est impressionné par les services qu'ils ont rendus et discute des effets grands et éternels de leur travail.

Nous avons découvert beaucoup de choses sur le chemin de la science qui pourraient vous étonner, et à chaque découverte, l'exploit a été applaudi et repris en écho d'un bout à l'autre de notre planète. A chacune de ces avancées, nous nous sentons nous rapprocher de la Divinité. Un triomphe de la science pour nous est un triomphe de la religion, et tandis que nous continuons à nous fortifier et à reprendre un cœur nouveau à chaque pas dans la direction de la connaissance, un progrès similaire chez vous ne fait qu'amener le cadre superstitieux sur lequel votre religion est bâtie. pourriture.

Notre dévotion religieuse est essentiellement dynamique, voire joyeuse. Les peines de la vie qui ne sont pas la conséquence directe ou indirecte d'indiscrétions et de violations des lois naturelles, nous les considérons comme un héritage et non comme une punition, et nous nous efforçons par tous les moyens imaginables de les alléger et de les rendre plus faciles à supporter. Pour ceux qui sont malades parmi nous, la main de l'amour et de la sympathie n'est jamais absente ; et parmi les convictions fermes et tranquilles de la pensée philosophique, la mort n'est qu'un regret et jamais une terreur. Vos croyances parviennent à la fin finale de toutes les manières, jusqu'à l'agonie ; ils ont ingénieusement conçu pour cela une théorie des horreurs, de laquelle est venu leur principal soutien et leur principal soutien. Le chemin de vie qu'ils déclarent comme le seul qui mène à l'éternité promise de la félicité est le sentier tortueux et difficile qui serpente comme un labyrinthe parmi les ombres de leurs églises.

Bien que vos professeurs ecclésiastiques vous aient guidé attentivement tout au long de ce voyage de vie prescrit, et que votre entrée et votre sortie soient rendues difficiles sans leur aide, cependant, de par la nature même de leurs doctrines, ils ne pouvaient vous accorder qu'à la dernière scène de tout un supplice de torture. doute. Nous avons favorisé la sérénité de la mort en éloignant autant que possible son chagrin. Chez nous, l'individu dans ses derniers instants n'est submergé par aucune crainte sympathique face à cette souffrance imminente pour les besoins de la vie parmi les personnes à charge, qui associe si souvent l'agonie de la séparation à un sentiment accablant de désespoir, tel que votre société est constituée. La fin nous vient placidement, dans la croyance que, de même que nous sommes issus de la Divinité, ainsi en fin de compte nous retournons à Lui ; que la vie au-delà doit être une vie supérieure, parce que le sens moral grandit constamment en nous ; et que la région qui nous attend doit être libre, ouverte et hospitalière, sans barrières angoissantes séparant familles et amis, car, dans la croissance de notre tendresse et de notre attachement les uns aux autres, nous pouvons prédire avec certitude l'évolution d'un monde meilleur. et un état plus heureux.

La prière, dans le sens où elle est comprise et exécutée par vous, nous la considérons comme une simple superstition. C'est le résultat de vos étapes les plus basses de votre évolution mentale. C'est l'esprit de cet abaissement volontaire et de cette peur qui prosterne le sauvage devant son idole, sollicitant de l'aide pour ses œuvres de carnage, ou l'immunité contre quelque loi naturelle violée, ou la sécurité contre quelque convulsion de l'air, de la terre ou de la mer. . Transposée dans votre civilisation, elle n'en est devenue pas moins déraisonnable. Depuis des milliers d' années , vous faites quotidiennement appel à la Divinité pour obtenir des faveurs, dont aucune n'a été accordée, sauf apparemment par coïncidence. Les tests les plus concluants n'ont pas réussi à convaincre les dévots d'entre vous de l'erreur de la prière, parce que, en tant qu'institution de vos églises, selon leur théorie de l'expiation, elle fournit une évasion facile à la conscience ; et pour cette raison aussi qu'il donne à l'imagination, dans ses situations frappantes et nouvelles de conversation avec l'auteur des mondes, un semblant de ce plaisir que les petits éprouvent aux concessions des grands.

Il est tout à fait conforme à vos conceptions de la Divinité que vous devriez vous ramper et vous avilir devant Lui. Toute la teneur de votre pensée religieuse a été amenée à prendre cette couleur d'auto-dégradation qui, tout en servant à vous jeter plus complètement entre les mains de vos supérieurs théologiques, n'est garantie par aucune relation possible avec l'être auquel vous vous adressez. Vous représentez sur Terre, comme nous sur notre planète, la forme de vie la plus élevée. Nous sommes tous deux le résultat triomphal d'un processus établi par le grand Auteur il y a des siècles infinis. À nous seuls, parmi tous les êtres, Il a conféré les merveilleux attributs de la pensée et de la raison, qui font de nous une partie de Lui. Nous sommes les seuls héritiers, par son propre acte bénéfique, du pouvoir de découvrir et d'apprécier ses belles méthodes de travail et ces transformations magiques de l'esprit et de la matière qui transforment, à partir des cendres mortes du passé, le présent épanoui, avec c'est l'espoir rassurant d'un fruit à venir.

Quelle allusion avons-nous donc, dans toutes ses œuvres, qu'Il nous a créés autrement que comme un travail d'amour et comme l'expression la plus complète d'une compétence évolutive, qui marque toutes choses autour de nous ? Par quelle autorité êtes-vous donc appelés à vous abaisser constamment devant votre grand Père, qui, avec une sollicitude parentale, a ouvert la Terre entière à votre maison et vous a donné le pouvoir de domination sur toutes les créatures qui s'y trouvent ? , et vous a appris à fabriquer des jouets avec les éléments mêmes qui vous entourent ? Par quelle autorité, sinon l'indigne exemple de vos propres instincts barbares, qui réclament pour place et pouvoir un hommage, dont le degré de prosternation marque avec une singulière exactitude votre carrière depuis le souverain sauvage jusqu'au monarque cultivé ?

En dehors du fait que votre mendicité continue n'a rien accompli pour vous, vous disposez d'une abondance de preuves négatives suggérant que votre supplication incessante, au lieu de vous apporter les faveurs de la Divinité, a fait apparaître sur vous d'une manière indubitable les signes de sa mécontentement. Car, comme il vous a élevé progressivement hors des formes inférieures et élargi vos capacités, jusqu'à ce qu'en fin de compte il vous ait pris dans sa confiance jusqu'à vous enseigner les méthodes de son travail et à vous livrer les connaissances jusqu'ici refoulées. -up des forces pour votre convenance et votre usage, mais dans le progrès de ces concessions, il convient de noter comme un fait significatif, que vos prières ont plutôt servi à les entraver qu'à les promouvoir. En effet, comme il n'existe aucune preuve plus concluante de la présence et de l'aide divines que le progrès matériel et intellectuel, il sera difficile de montrer, dans le récit des choses terrestres, que la suprématie de la prière n'a pas invariablement été suivie d'un retrait temporaire de la prière. cette assistance et ce soutien divins.

CHAPITRE VI.

NOTRE vénération pour la Divinité, qui est plus vraie et plus sincère que la vôtre, découle d'une conception bien différente. En regardant les âges et ce qu'ils nous ont apporté, nous percevons que chaque nouveau développement de la matière apporte une augmentation de ces qualités qui nous font plaisir à voir. Partant des formes les plus disgracieuses, ce processus de changement d'organisation et de symétrie, par une loi inaltérable du Créateur, nous fait sortir de la laideur du passé le beau du présent. Puisque donc nous le voyons constamment à l'œuvre, transformant le laid en beau, nous croyons qu'il se plaît aux couleurs, aux formes et aux qualités des choses qui ravissent nos sens cultivés. Agissant alors sur cette conviction, nous nous entourons du beau dans la nature et dans l'art.

Le changement, dans la forme de la matière, n'est pas plus instructif que la modification constante de l'intelligence, qui, de son ignorance primitive, de sa superstition et de sa brutalité, s'est graduellement élevée, étape par étape, jusqu'à son niveau actuel de pensée et d'action. Nous reconnaissons ici un fait très important et significatif pour nous. Tandis que l'énergie divine est constamment à l'œuvre, convertissant les formes inférieures de la matière en formes supérieures, nous n'avons aucune part à ce processus. Cela continue sans notre aide, et nous n'avons aucun pouvoir pour ralentir ou accélérer sa progression constante. Il en va tout autrement en matière d'intelligence. Cela est remis entre nos mains, avec toutes ses grandes possibilités. En cela, nous avons la preuve de la confiance divine pour favoriser son avancement compte tenu des bénédictions qu'il nous réserve. Partant de ce point de vue, nous avons cultivé pendant des siècles l'esprit dans toutes les directions de la connaissance et du sentiment, comme élément principal de notre religion. Le mouvement des sphères n'est pas plus certainement l'œuvre de ce grand être que ces changements progressifs dans l'esprit et la matière.

Nous croyons que vice et laideur sont des termes convertibles, le dernier une qualité due à une matière imparfaitement développée, et le premier une propriété de l'intelligence dans le même état imparfait ; de même que la beauté et la vertu décrivent ensemble ou séparément la même évolution avancée.

Mais tout en travaillant en harmonie avec la Divinité et en l'aidant à réaliser ses desseins, nous avons constamment en vue, comme incitation à l'action, la consommation ou le but vers lequel tendent tous ces changements. Nous croyons que le résultat sera une vie spirituelle avec tout ce qui est connaissable et un état de perfection et de bonheur au-delà de notre conception actuelle. Le bonheur étant donc une aspiration religieuse, nous le promouvons par tous les moyens en fonction des inclinations innocentes et raisonnables de notre état actuel.

Notre religion est donc plus jubilatoire que solennelle. Nous n'y avons pas de tourments en réserve, ni de longues angoisses et mortifications de la chair. Sa seule affaire avec la mort est d'aplanir son oreiller et de réduire au minimum les chagrins qui l'accompagnent. Aux malheurs du présent, notre religion tend sa main de sympathie et son aide matérielle. Dans quel but devrait-il introduire et s'attarder sur les misères et les chagrins du passé ? Nous laissons reposer les âges morts. Nous ne trouvons rien dans leurs cendres qui puisse être comparé aux vivants. Le présent est meilleur que le passé, tout comme l'avenir sera meilleur dans la mesure exacte des nouvelles vérités découvertes et des vieilles erreurs rejetées. Vous récoltez les émanations d'un développement précoce et imparfait pour les moniteurs et les guides, et leur faites honneur pour les mystères qu'ils invoquent. Vous placez la main flétrie de la momie dans la paume chaude du vivant, et votre cérémonie d'introduction est une prière pour que le corps vivant ne quitte jamais la forme morte.

Les prémisses intenables et insupportables sur lesquelles reposent vos religions conduiront à leur déclin. Il ne vous en restera rien d'autre que leur spiritualité. Dépouillés de leurs superstitions, et guidés par l'intellect, la part spirituelle d'eux sera retenue par vous comme un joyau repoli et dans un nouvel écrin.

Les orthodoxes parmi vous se méfient des avancées de la science, ignorant qu'en temps voulu elle fixera sur votre croyance la conviction d'une existence spirituelle future sans l'ombre d'un doute. Lorsque vous serez arrivé à ce point, vos voies de moralité et de progrès seront tellement accrues que vous considérerez votre avancement antérieur comme insignifiant. Pour certains, votre science semble encourager les croyances matérialistes. Ce n'est que votre demi-connaissance. Pendant un certain temps encore, vos découvertes tendront dans cette direction de pensée, mais tout cela sera remplacé par une ferme conviction de l'existence de la Divinité et votre approche constante de Lui. La période de danger pour vous arrivera lorsque vous aurez découvert, comme nous l'avons fait il y a des siècles, ce que l'on peut décrire dans votre langage comme la diffusion universelle de l'intelligence dans toute la matière, inorganique aussi bien qu'organique.

Cela peut être une proposition surprenante de vous annoncer que la qualité qui vous donne le pouvoir de penser abstraite est possédée à un degré inférieur, par exemple, par les pierres qui se trouvent sous vos pieds ; Or tel est le cas, car nous avons démontré sans aucun doute que les forces et les affinités chimiques ne sont rien d'autre que des formes basses, restreintes et insensibles d'action intelligente. Le fait est mieux démontré par la formation de corps organiques dans leur multiplication de cellules. Chaque cellule se met en place et fait place à son successeur, sous une impulsion d'action héritée dont elle ne peut se départir. Ce que vous appelez forces naturelles, ne sont que des formes d'intelligences inconscientes et restreintes, qui n'ont que le pouvoir d'agir dans des directions limitées. Tous deux construisent de la matière et la démolissent pour nous. Ils façonnent le cristal avec une uniformité mathématique et dessinent la forme de la plante avec une précision infaillible. Le caractère de l'agence n'a aucune proportion avec l'ampleur de son travail. Ces formes d'intelligence basses et inconscientes, qui inspirent la cellule végétale à construire ses élévations fantaisistes, et l'atome infinitésimal à rechercher et à embrasser son affinité, sont précisément les mêmes que celles qui dirigent la mer des mondes sur leurs chemins rapides et invariables. . Et pourtant, malgré toute leur exactitude et leur infinité de portée, ils sont autant au-dessous de cette intelligence indépendante et consciente d'elle-même qui guide nos pensées et nos actions, que le protoplasme est au-dessous de la forme la plus hautement organisée et la plus parfaite.

Votre théologie vous a dégradé en vous croyant mendiants, jouissant des faveurs de la vie comme de simples concessions d'un maître tout-puissant et exigeant ; et que votre position dans le cosmos est étroitement liée à l'insignifiance de vos corps matériels et à votre faible pouvoir dans les énergies prodigieuses qui vous entourent. Votre science vous élèvera en sachant que vous êtes des pairs dans le grand univers et que votre stature n'a aucune mesure comparative pour ses proportions dans la hauteur et la largeur de votre monde matériel. Il vous apprendra que peu à peu, et à travers des millions d'âges, vous êtes devenus cette élimination du spirituel parmi le grand nombre d'intelligences divisées qui ont construit et gouverné votre monde naturel ; que vous êtes la récolte et le fruit des innombrables intelligences inférieures, qui ont été semées au début pour accomplir leur puissant travail.

En poursuivant ces questions, vos scientifiques parviendront à un certain nombre de vérités importantes, entièrement en opposition avec certaines de vos théories actuelles apparemment établies. Dans vos spéculations sur l'état futur, il y a une tendance que je ne peux désigner dans votre langage par aucun autre nom que l'étroitesse. Vous avez si récemment pris conscience des dimensions et des distances immenses des corps célestes, que leur comparaison avec vos anciennes vues étroites dans cette direction a produit un sentiment d'impuissance dans la tentative de sonder ces espaces infinis. Mais des périodes de contemplation serviront à élargir vos vues et à élargir vos espoirs. Englobant ou à côté de ce vaste univers, nous avons la preuve d'une région spirituelle, comme la terre ferme bordant votre propre grand océan, laquelle grande étendue d'eau pour la vie animale inférieure qui s'y trouve est tout aussi illimitée et profonde que le grand cosmos l'est pour vous-mêmes. .

Vous avez tout récemment découvert un processus naturel par lequel les lents changements ont modifié la vie animale et modifié et amélioré ses espèces. Vous savez que l'atmosphère, qui entourait votre Terre au début, n'était pas d'une composition permettant de supporter sa vie respiratoire hautement organisée actuelle, et que par conséquent, au fil des âges, les seules choses vivantes et en mouvement sur votre planète étaient les rares créatures consommatrices d'air . créatures qui habitaient l'eau. Parmi les profondeurs sombres et caverneuses de vos océans et le limon gluant de vos rivières et de vos lacs, se trouvaient les berceaux, où la nature a commencé à façonner les formes vivantes et en mouvement gracieuses qui errent maintenant sur votre surface solide. Le délicat laboratoire du Créateur, pour le début de la vie animale, était placé parmi les températures égales et les douces parois d'eau au-dessous de l'atmosphère variable et desséchante qui le surmontait partout. Vous-mêmes, ainsi que toutes les autres créatures vivantes et respirantes, avez posé les fondements de votre vie dans les eaux de la terre, un fait dont le rappel important est que la nature a continuellement pourvu à la présence protectrice de l'eau dans la croissance de votre embryon. .

Dans votre vie germinale , l'univers ne vous apparaissait qu'une vaste étendue d'eau illimitée. La terre submergée sur laquelle vous vous reposiez, avec son environnement trouble et l'étendue de nuages liquides sans soleil au-dessus de vous, était le seul monde et univers que vous connaissiez. Par quelle autorité de la raison ou de la science concluez-vous alors que le stade de l'évolution, qui vous a amené au soleil glorieux et à l'air libre, et vous a adapté à la forme et à la compréhension que vous possédez, est la fin ? Du froid, paresseux et inconscient, au chaud, alerte et intellectuel, il n'y a pas de plus grand pas de progrès que celui à venir, qui fera comprendre à votre compréhension les mystères de la vie et de la nature, si inconnaissables et impensables dans votre immaturité actuelle. Après votre prochaine étape de suprématie spirituelle, vous regarderez en arrière le présent, avec toutes ses conditions, si condamné par le contraste des choses meilleures atteintes, qu'il ne sera guère plus pour vous que l'est maintenant l'étrangeté repoussante et l'incommunicable l'habitat de vos débuts.

CHAPITRE VII.

LES relations confidentielles entre notre gouvernement et le peuple lui ont conféré un caractère parental. C'est pourquoi notre législation a été étudiée depuis des siècles pour atténuer, autant que possible, ces maux naturels qui s'insinuent à la suite de forces sociales illimitées. Considérant l'ensemble de nos habitants comme une famille, le gouvernement n'a jamais pu sentir que son devoir était fidèlement accompli, tandis qu'un certain nombre de ses habitants étaient, en ce qui concerne les jouissances ordinaires de la vie, dans un état de suppression pour toute cause amovible. Vous avez commencé votre civilisation, tout comme nous avons commencé la nôtre, par la cristallisation de la société en deux classes. Ceux qui, au début, par l'épargne, l'acquisition ou la force des bras, sont devenus propriétaires de suffisamment de biens pour échapper à la nécessité du labeur quotidien pour subvenir à leurs besoins ; et ceux qui, par l'absence de ces qualités ou pour d'autres causes, étaient obligés de jour en jour d'exercer leurs énergies musculaires et nerveuses au profit de ceux qui trouvaient avantageux de les utiliser et de les payer. Cette condition de la société est naturelle et juste, et rien n'empêche le plus grand bonheur possible pour tous. Mais avant bien des siècles, nous avons découvert que les intérêts de la classe propriétaire et de la classe ouvrière n'étaient pas également équipés pour entretenir des relations justes et équitables les uns avec les autres. Nous avons constaté que les intérêts du travail du plus grand nombre n'avaient aucun poids politique comparable au grand pouvoir de la richesse chez quelques-uns ; et prévoyant cet asservissement à terme des uns par les autres, comme votre expérience l'a montré, nous avons pris de larges dispositions contre cela.

Nous reconnaissons comme fondement de tout progrès matériel que l'accumulation honnête des richesses doit être le privilège de tous ; et que les droits de propriété devaient être protégés et que chacun puisse en jouir. Pourtant, ces principes étant appliqués avec fermeté et succès dans notre gouvernement, nous considérons depuis de nombreux siècles qu'il est nécessaire de soutenir et de soutenir les intérêts de la classe ouvrière par une attention législative particulière. Vous avez suivi une voie directement opposée. Depuis le début de votre histoire, le privilège de la richesse de soumettre le travail et de l'utiliser comme instrument d'accumulation, avec à peu près le même souci de son bien-être que le cheval au collier ou le bœuf sous son joug, a prévalu. , sans la promulgation d'aucune loi sincère et efficace pour l'aider et le soutenir dans sa lutte inégale. Au contraire, vos statuts sont remplis de lois oppressives contre la classe ouvrière ; et tandis que dans vos districts les plus civilisés ces lois injustes sont presque obsolètes, il reste encore sur votre planète une moyenne de suppressions légales et sociales de la classe dont le bras puissant vous soutient, au point d'être considérée par nous comme l'aspect le plus malheureux et le plus discréditable. de votre état social.

Peu importe la façon dont vos économistes peuvent examiner et discuter les relations du travail avec ses intérêts coopératifs, tant qu'ils ne proposent aucune proposition pour le soulager du fardeau injuste qu'il porte des difficultés de la vie. Votre opinion commune selon laquelle le travail doit être inévitablement soumis à la loi de l'offre et de la demande et que, par conséquent, quatre-vingts pour cent de votre peuple doit être abandonné, impuissant, à sa chance de détresse et de souffrance à chaque tournant défavorable du marché du travail, est particulière à la planète sur laquelle vous vivez et constitue l'une des conclusions les plus erronées et les plus imprudentes parmi vous. Cette conception cruelle de votre part est clairement l'héritage de votre jeunesse cruelle. Dans un tel état de choses, on ne pourra jamais atteindre un état de civilisation très élevé. Avec un si grand nombre d'entre vous constamment soumis à la vicissitude de changements de condition aussi défavorables, il ne peut y avoir de progrès constant dans l'ensemble et peu d'encouragements à l'épargne ; un manque d'ambition doit prévaloir dans tous les buts supérieurs de la vie, et un abandon général à l'imprévoyance et aux vices qui en découlent. Pour cette classe qui a créé votre richesse et la renouvelle constamment, et qui constitue une si grande partie de toute votre population, vous ne pouvez démontrer aucun effort législatif en sa faveur, sauf indirectement, à travers certains des objectifs visant à aplanir la voie et à augmenter les profits du capital. Les possibilités offertes à votre classe capitaliste, relativement petite, d'utiliser à ses fins, d'une manière tout à fait cruelle, le corps plus vaste des producteurs de richesse, ont été facilitées par des conditions naturelles qui auraient été supprimées ou corrigées depuis longtemps, dans un cadre plus humain et plus altruiste. l'administration de vos affaires, et si vos gouvernements n'avaient pas été exclusivement entre les mains de la petite classe mentionnée. Nous ne connaissons rien de plus cruel et de plus cruel de la part des classes gouvernantes de la Terre que leur soumission insouciante de ses salariés à l'influence illimitée de la concurrence pour l'emploi, dans la condition compromettante de la nécessité de manger.

Dans notre philosophie, nous ne reconnaissons que deux manières honnêtes d'accumuler des richesses. L'une est l'épargne des salaires, l'autre les profits du capital ; et notre législation a été principalement orientée pour rendre les chances de richesse par ces deux méthodes aussi égales que possible. Pour rendre ce service efficace, nos plus grands efforts ont été dirigés vers les intérêts des travailleurs. Nous nous sentons justifiés en cela, car le bien-être d'environ sept huitièmes de notre peuple est lié à cet intérêt ; car c'est à la classe ouvrière que revient entièrement la création et le renouvellement constant de toutes les richesses de notre planète. Parce que, aussi, ce capital a des avantages naturels sur le travail, qui sont en premier lieu le choix du moment et du lieu pour investir ; deuxièmement, sa capacité à attendre des opportunités sans risquer de souffrance physique de la part de ses propriétaires, et le loisir de réflexion et de connaissance qu'il offre à ceux qui le contrôlent. Aussi, ce capital, occupant la position d'employeur volontaire, assume naturellement les droits et privilèges de maître, que le travail, dans sa situation contrainte et dépendante, est obligé de reconnaître.

Nous avons depuis longtemps examiné ces relations et tendances inégales et avons entrepris d'y remédier. Notre législation en faveur des classes ouvrières est la plus heureuse et la plus satisfaisante de toutes celles que nous ayons. Sans cela, notre civilisation actuelle serait impossible. Avant de décrire nos méthodes, permettez-moi d'attirer votre attention sur les causes immédiates et indirectes qui pèsent sur les classes ouvrières de votre planète.

Parmi ceux-ci, la promiscuité de la propriété foncière est la plus importante. L'abandon de la surface de la Terre au contrôle de la propriété individuelle est l'une des erreurs les plus graves de votre civilisation. La plus grande objection à cela ne doit pas être mentionnée à elle seule, à savoir que la planète sur laquelle vous êtes nés est votre héritage naturel à tous, de la surface de laquelle chacun d'entre vous est destiné à tirer sa subsistance, et qu'un Le monopole de l'atmosphère par quelques-uns est une violation aussi flagrante de la justice que ce serait le cas si une telle chose était possible de maintenir l'atmosphère à l'usage privé de certaines sections. Mais il faut surtout considérer que votre politique agraire permet à un petit nombre de dominer la majorité, supprime une classe et élève une autre, et transfère insensiblement une partie indue des gains du travail dans les poches de vos classes possédantes.

Presque toutes les influences actuellement à l'œuvre dans le progrès de votre société ont tendance à jeter de l'argent entre les mains de vos propriétaires fonciers, au lieu de les gagner équitablement par eux-mêmes. Tandis que les produits du travail diminuent de jour en jour, en partie à cause de l'augmentation de la compétence et de l'emploi des machines dans leur fabrication, et en partie aussi à cause de la concurrence du travail, en raison de l'augmentation de la population, cependant même à cause de ces opérations mêmes la valeur de la propriété foncière augmente.

Vous estimez déjà la rente comme un élément considérable du coût de la production de vos matières alimentaires, et vous approchez peu à peu d'une période où, en raison de la croissance de la population , le coût de la nourriture sera considérablement augmenté par les charges de loyer. Vous vous êtes toujours soumis à ce monopole de la terre pour des raisons évidentes. Dans les premiers jours de votre histoire, toute propriété privée de terre était acquise et détenue par la force, et on peut affirmer avec certitude qu'il n'existe actuellement aucun titre dans aucun de vos pays les plus anciens qui ne soit fondé sur une conquête violente et qui n'ait été entretenue par une autorité organisée et armée, dont l'existence dépend du maintien en vogue du système de propriété. Il est clair que lorsque l'exigence de justice pour tous deviendra la base de l'action politique, et surtout lorsque le coût de votre approvisionnement alimentaire sera considérablement augmenté par les charges du loyer, votre système actuel ne pourra pas être tranquillement supporté.

Dans votre propre région la plus favorisée de la Terre, on peut trouver des conditions temporaires qui tendent non seulement à tolérer votre système actuel de propriété foncière, mais à le rendre populaire. Votre vaste étendue de superficie agricole inoccupée, sur laquelle chacun de vos citoyens peut, à peu de frais, en choisir une partie avec un titre à perpétuité, détruit pour le moment le caractère monopolisateur de la propriété privée ; et bien que ces actes gouvernementaux de distribution des terres soient les concessions les plus remarquables au travail dans l'histoire de l'humanité, nous ne parvenons pas à découvrir dans la pratique autre chose qu'un compromis temporaire entre les intérêts du capital et du travail. À mesure que votre société progresse, vous devez arriver au moment où votre classe sans terre sera aussi effectivement exclue du privilège de la propriété qu'elle l'est actuellement dans les pays les plus anciens du monde.

Votre propre pays, dans la nouveauté de sa possession humaine, par la distribution somptueuse de son territoire entre des mains privées, a allégé les fardeaux du travail ailleurs qu'à l'intérieur de lui-même. Il y est parvenu de deux manières : d'abord en retirant de l'excédent de population les régions densément peuplées de l'étranger, et ensuite en fournissant, à partir de ses riches terres agricoles, une nourriture à meilleur marché aux pays les plus anciens de la Terre que ce qu'ils étaient en mesure de fournir à partir de leurs propres terres agricoles. sols. Mais les plus déraisonnables d'entre vous ne peuvent manquer de percevoir la limite rapide à ces opérations dans l'intérêt du travail, qui après tout doivent être considérées comme une simple trêve entre le conflit des nombreux travailleurs et sans terre et la poignée de propriétaires fonciers que votre les gens en seront sûrement témoins avec le temps. Nous gérons ces choses de manière très différente sur Mars.

CHAPITRE VIII.

LA planète Mars est considérée comme l'héritage de ceux qui y sont nés. Admettant la justesse évidente et incontestable de ce point de vue, notre gouvernement en a depuis longtemps assumé la propriété et le contrôle de la propriété en fiducie pour le bénéfice égal de tous. Il a procédé conformément à ce point de vue pour accorder ses usages à toutes fins d'industrie et de plaisir, de manière à répartir également le revenu de sa rente entre tous les habitants vivants. Je ne peux que vous donner quelques aperçus de notre admirable manière d'atteindre ce but.

Nos districts agricoles sont divisés en petites fermes, même en taille, avec des loyers échelonnés en fonction de la richesse de leurs sols et d'autres conditions. La sous-location n'est pas autorisée, et l'un des principaux objectifs de ces attributions est que la famille résidant sur chaque ferme soit en mesure d'effectuer tout le travail requis. Ceci est conforme à un principe que notre gouvernement applique par tous les moyens possibles, à savoir associer le travail et le capital. Le cultivateur du sol continue ses améliorations, avec l'assurance qu'elles lui sont aussi sûres que si son titre était perpétuel ; car dans le cas d'un changement de fermage, ce qui est extrêmement rare, une juste valeur lui est restituée pour tous les biens immobiliers qui sont le produit de son travail. Il est prévu qu'il n'y aura pas de concurrence dans l'occupation, et comme le loyer n'est qu'une somme nominale, il ne ressent aucune insécurité dans sa possession. Les loyers agricoles sont échelonnés annuellement et sont payables peu de temps après la récolte. Ils peuvent être supérieurs ou inférieurs à ceux de l'année précédente, en fonction uniquement des bénéfices.

Le régime foncier, tel qu'il existe chez vous, est inconnu parmi nous. La rapacité qui, sous votre système injuste, est admise dans une propriété dans laquelle aucune concurrence ne peut exister, et qui en même temps est autorisée à profiter de cette concurrence illimitée qu'induit la pression de la nécessité publique, n'a ni pied ni place permanente sur notre planète. Sous notre système, vous remarquerez que toute augmentation des profits de la terre est compensée par le locataire par une augmentation de fermage, et que toutes les causes naturelles qui augmentent la valeur de la propriété foncière s'ajoutent au revenu du gouvernement et sont ainsi partagées. par tous. Notre gouvernement tire son seul soutien du loyer, et aucun autre impôt ou prélèvement n'est connu. Avec un pourcentage des bénéfices de l'usage du sol, qui n'est jamais à charge pour le fermier, elle a pu, et a trouvé dans son intérêt, réaliser des améliorations et des entreprises agricoles et municipales que la propriété individuelle n'entreprendreait jamais. Il a asséché nos marais et asséché nos terres désertiques de la manière la plus efficace, sans qu'il soit nécessaire de créer, comme chez vous, un monopole exigeant, qui réclamerait à l'industrie la part du lion des bénéfices de son travail.

L'intérêt du gouvernement pour notre progrès municipal, en vertu de ses propriétés, l'a amené à exécuter de la manière la plus complète les entreprises sanitaires qui rendent la vie urbaine sûre et agréable. Grâce aux avantages de la propriété exclusive du terrain urbain, elle permet d'imposer certaines règles de goût uniformes dans la construction des maisons et des rues, qui ont rendu nos villes aussi complètes et harmonieuses que des œuvres d'art isolées ; leurs combinaisons symétriques de lignes et de courbes se rencontrent aussi systématiquement que dans une élévation architecturale distincte.

Comme je vous l'ai déjà laissé entendre, la culture du beau dans l'art et la nature fait partie de notre religion, et nous nous adonnons à la satisfaction de nos inclinations esthétiques comme l'un des plus grands charmes de la vie. Notre gouvernement ne construit aucun bâtiment, sauf des bâtiments publics, et dans leur construction et leur aménagement se manifeste cet amour universel du grand et du beau qui prévaut partout. Votre imagination est à peine capable de concevoir la magnificence de nos temples de culte et les charmantes perspectives de nos rues et de nos routes. Pourtant, même notre attention assidue à tous ces effets agréables pour les yeux est considérée comme une question d'importance secondaire, comparée aux mesures et réglementations sanitaires en vigueur.

Grâce aux seuls loyers fonciers de chaque municipalité, l'eau, la lumière et le chauffage sont fournis gratuitement et en abondance à chaque habitant ; et de la même source de revenus, une assurance complète est fournie contre les pertes individuelles résultant d'accidents, et tous nos morts sont éliminés sans frais pour les parents et amis. Nous ne mettons pas de cadavres en terre comme vous le faites, considérant une telle pratique non seulement barbare, mais dangereuse pour la santé des vivants. Au contraire, nous les éteignons d'une manière que l'on ne peut pas suivre faute des progrès requis dans la science chimique. Depuis notre découverte de l'unité élémentaire, nous avons eu le pouvoir de réduire toute matière à son état originel, et cela nous sert bien qu'avec nos appareils chimiques et la solennité qui nous est due, il ne reste aucun vestige des morts à conserver, à l'exception de leur souvenirs.

Dans le but de vous montrer la différence marquée d'effet sur le travail et l'industrie entre la propriété privée et la propriété gouvernementale des terres, retraçons l'institution et le progrès d'une de vos villes en comparaison avec l'une des nôtres. Ces combinaisons d'entreprises individuelles se retrouvent sur votre planète à tous les stades de croissance et peuvent être plus facilement observées par vous dans ce voisinage, dans leurs premières périodes de développement. Ils sont institués pour la plupart par vous de manière fortuite, quelques intérêts individuels formant le noyau autour duquel le capital et le travail sont attirés, dans la perspective d'une population et d'un commerce accrus, pour fournir et créer les divers produits industriels demandés . La totalité de la superficie de votre nouvelle ville, y compris ses limites potentielles, est immédiatement appropriée, à un coût minime, par un seul ou un petit nombre de propriétaires, en vertu de lois convenablement conçues pour leurs besoins. A partir de ce moment commencent les exactions les plus extraordinaires de la part de l'industrie. Chaque coup de marteau et chaque tour de volant ajoute à la valeur de ces possessions, jusqu'à ce que, dans peu de temps, il n'y ait plus de limite à leur prix ou à leur loyer, mais à la capacité de l'industrie de supporter l'impôt.

Au début de la croissance de votre ville, des conditions existent qui disparaissent plus tard. Le travail est particulièrement favorisé. La demande en est aussi grande que l'offre, sinon plus, et son épargne lui permet de participer, par de petits investissements, à la progression constante de la valeur des terres. Votre nouvelle ville, en supposant qu'elle soit une métropole, est investie de tous les éléments de prospérité. Les capitaux lui viennent en abondance de l'étranger, induits par les opportunités d'investissements rentables, et le travail est également attiré par des salaires élevés. La population augmente, ainsi que toutes les entreprises industrielles, et vos terres, commodément divisées en petits lots, changent de mains d'un acheteur à l'autre, chacun réalisant un profit satisfaisant et généreux. Les influences monopolisatrices de la propriété foncière ne se font généralement pas sentir, en raison de la superficie vaste et inoccupée et de la facilité pour tous d'acquérir des titres de propriété. Le travail connaît une époque de prospérité remarquable à l'extérieur comme à l'intérieur des limites de votre ville. Votre gouvernement lui a fait don de millions d'acres de terres agricoles fertiles, dont la surface, pour la plupart, ne nécessite pas de grandes dépenses de capital pour la rendre utilisable pour l'agriculture ; et dans l'ensemble, le contentement général et l'économie indiquent que tous les intérêts matériels sont également équipés et uniformément couronnés de succès dans la lutte pour la vie. Le travail va allègrement à son labeur quotidien et revient à son abondante pension avec un espoir et une ambition qu'il a rarement connus auparavant. Tous les desseins humains apparaissent dans un état florissant, sauf, on peut le remarquer incidemment, que votre religion à cette époque s'affaisse, sans son attention et son soutien habituels.

Vous êtes maintenant, supposons-le, à la fin de la deuxième décennie de l'histoire de votre ville, et de nombreux changements sont observables, dus aux progrès de votre société et de votre civilisation. Votre métropole peut contenir aujourd'hui environ cent cinquante mille habitants. La valeur marchande de sa superficie, d'environ trois milles carrés, a augmenté, depuis le prix gouvernemental auquel il a été acheté par une ou une demi-douzaine d'acheteurs, d'environ sept mille à trois cent cinquante millions de dollars, et la valeur totale des produits de l'industrie qui s'y trouvent peuvent être raisonnablement estimés à une somme semblable. Grâce aux privilèges et au partenariat dont le travail a bénéficié dans cette grande augmentation des valeurs, il est jusqu'à présent calme et satisfait ; mais malheureusement, l'issue inévitable ne lui est pas aussi prometteuse. Les effets néfastes de votre propriété privée deviennent de plus en plus apparents à mesure que votre ville progresse et que, sous l'impulsion de l'avidité et de l'égoïsme humains, vos propriétaires ont en toute honnêteté commencé leur raid sur les industries de la ville. Ils exigent maintenant de vous un impôt sous forme de rente foncière uniquement, qui consomme chaque année la vingtième partie de tous les produits de l'industrie sur leurs possessions. Cet impôt énorme est exigé sans retour d'aucun service quel qu'il soit, sauf le privilège d'un logement.

Vos habitants sont également appelés à pourvoir aux nécessités du gouvernement, et c'est pourquoi un impôt supplémentaire est levé, qui prélève sur les bénéfices du travail et du capital une somme égale au dixième de toutes leurs épargnes. Parce que le privilège de devenir propriétaire foncier est égal à tous et constitue l'espoir de la plupart d'entre vous, vous avez permis la transformation de ce don de la nature en un monopole le plus arbitraire et le plus consommateur qui puisse être conçu.

Ce don de la nature, cependant, n'est pas le seul qui soit détourné de sa répartition équitable et autorisé à devenir la matière d'une exigence injuste. Le processus d'approvisionnement en eau, en chaleur et en lumière, qui fait si manifestement partie des devoirs d'institution et de surveillance de votre gouvernement, est confié, comme vos terres, à la gestion et au contrôle de particuliers ; convertissant ainsi ces éléments indispensables à la vie et au confort en moyens d'obtenir de l'argent pour la richesse, et soustrayant inutilement les profits de l'industrie et les économies du travail.

Supposons maintenant que votre ville soit arrivée au terme de sa quatrième décennie. Sa population a doublé et la valeur de ses terres a quadruplé ; mais il est à remarquer que vos produits industriels n'ont pas suivi en valeur cette énorme appréciation, et que vos seuls loyers fonciers consomment désormais tous les dix ans la totalité du coût de tous les bâtiments et de leur contenu. En d'autres termes, chaque vestige du travail accumulé de votre ville va dans les poches de ses propriétaires tous les dix ans. Le changement se manifeste désormais dans la vie sociale. La concurrence a maintenant réduit les salaires du travail, et elle a presque perdu sa capacité à participer à certaines des opérations mineures du capital. Les luttes d'un nombre croissant, précisément la même influence qui a fait baisser les salaires, ont fait progresser la terre. Le travail a perdu une grande partie de son dynamisme et de son espoir d'antan. Tandis que les vêtements et la nourriture, produits de sa propre industrie, ont baissé de prix, tendant à compenser la diminution de ses revenus, tous les autres frais de subsistance sont considérablement augmentés. En lui accordant la place qui lui revient dans les ambitions et les espoirs matrimoniaux, la proportion remarquable d'un quart de son salaire durement gagné lui est exigée uniquement en rente foncière, pour un lieu d'habitation au milieu d'une région que seules ses propres énergies ont produit d'un désert. Chacune des richesses de la nature, à l'exception de l'air et du soleil, est inaccessible sans les charges d'un médium d'interception. La chaleur et les matières lumineuses de la terre, ainsi que l'eau, la plus utile et la plus abondante de toutes, lui sont distribuées avec le fardeau de tous les coûts et profits prélevés par une poignée d'individus organisés et irresponsables.

Le capital engagé dans vos industries s'adapte à toutes ces charges, et s'y accommode, parce qu'il peut facilement se rembourser en transférant toutes les dépenses et tous les coûts sur les prix. Il n'y a pas de telle issue pour le travail, qui non seulement paie directement ces exigences de monopole, mais, en tant que consommateur, est obligé par une méthode indirecte de payer une grande partie de ces factures de capital. Le capital reste satisfait de ces exigences extraordinaires pour une autre raison. Toutes les entreprises monopolistiques, et en particulier celle de la terre, fournissent les réservoirs d'investissement les plus sûrs et les plus rentables pour leurs excédents de bénéfices, et lorsqu'elles n'y participent pas déjà, elles attendent avec impatience une participation à leurs bénéfices.

Vous comprendrez alors facilement pourquoi les travailleurs de votre ville, à cette période de son histoire, devraient montrer des signes de retomber dans cette condition de dépendance qui les caractérise ailleurs sur votre planète. Quelques-uns d'entre eux, faisant preuve d'une grande force de retenue et d'un grand esprit d'acquisition, parviennent à économiser une partie de leurs gains, mais la marge entre revenus et dépenses est si étroite qu'une telle pratique n'est pas généralisée. De sorte que des vicissitudes invalidantes de la vie et d'une insouciance d'habitude induite par le manque d'ambition, naît cet état d'existence pénible, inconnu sur notre planète, mais assez courant sur la vôtre, où un être humain, disposant d'abondantes réserves de nourriture et de vêtements, qui l'entoure, en souffre suffisamment pour subvenir à ses besoins modérés. La pauvreté, qui n'avait été auparavant qu'exceptionnelle et sporadique, prend maintenant parmi vous les proportions d'une classe nombreuse, et parmi laquelle, faute de possibilités de connaissance, le crime apparaît aussi naturellement que la mauvaise herbe dans une agriculture négligée.

Un autre changement significatif apparaît désormais dans votre état social. Durant les premières étapes de l'existence de votre ville, aucun argent n'avait été investi sauf comme capital. Chaque dollar ainsi dépensé avait été partagé par les travailleurs. Toute augmentation du volume du capital apporte une prospérité correspondante à ceux qui travaillent ; mais les accumulations provenant des profits du capital n'y ont généralement pas été ajoutées, et dans de nombreux cas, le capital lui-même a été entraîné vers les nombreuses entreprises monopolistiques rentables qui abondent. Ceux-ci prospèrent désormais comme jamais auparavant. L'augmentation de la population et le commerce ont stimulé les diverses industries à augmenter leurs approvisionnements, mais les prix de toutes les marchandises, au lieu d'augmenter, sont abaissés. La concurrence libre et ouverte dans l'enceinte du capital et du travail a permis cela ; ce n'est pas vraiment au détriment de l'un ou de l'autre, car le producteur dans un secteur industriel est un consommateur dans beaucoup d'autres, et le capital a augmenté son volume d'affaires pour compenser des profits moindres. Mais vous avez à l'intérieur des frontières de votre ville ces dispositifs lucratifs particuliers à votre planète, où l'effet naturel de la concurrence est entièrement inversé et où la loi universelle de l'offre et de la demande est complètement abrogée. Le pire et le plus désastreux d'entre eux est votre système de propriété foncière.

Dans celui-ci et dans l'autre de vos monopoles, le capital déverse son excédent et finit par y revenir avec ses accumulations, abandonnant son association avec le travail et apparaissant sur la scène sous la nouvelle forme de richesse. A partir de quelques cas, si rares qu'ils sont remarquables, vos détenteurs de grandes accumulations d'argent deviennent maintenant une classe nombreuse et influente. Tandis que votre société, d'un côté, s'enfonce dans la pauvreté, de l'autre, elle s'épanouit avec des signes d'épargne inhabituels. Avec une augmentation du luxe d'une part et du besoin de l'autre, votre ville se rapproche désormais de l'état normal. Dans quelques décennies encore, il aura établi en lui-même ces rapports entre richesse, capital et travail qui sont aussi inévitablement le résultat de votre système de propriété foncière, que la sécheresse et la famine sont le résultat du manque d'humidité du sol.

Nous dirons maintenant que votre ville compte un demi-million d'habitants. Sa superficie ne s'étend pas proportionnellement à l'augmentation de sa population, le coût de l'espace induisant un plus grand encombrement des maisons et des personnes. Les produits de votre travail et la terre sur laquelle ils reposent ont si constamment reculé les uns par rapport aux autres en termes de valeur, que maintenant, avec toute l'économie forcée de l'espace, vos piles de biens, de marchandises et de maisons, si elles sont vendues à leur valeur marchande. , ne fourniraient pas plus d'un quart d'argent suffisant pour acheter le terrain en dessous d'eux. Cette énorme augmentation de la valeur des terrains de votre ville est principalement le résultat des opportunités dont bénéficient ses propriétaires pour s'attaquer aux industries, et à ce stade, les conditions très remarquables suivantes peuvent être observées : Tandis que la capitale de la ville proprement dite est à environ trois cents millions de dollars, et le nombre de ses ouvriers travaillant dans des activités industrielles environ cent mille, les gains globaux du travail et du capital combinés ont un quart du tout emporté par les exigences de vos propriétaires, en estimant uniquement la rente foncière. Et cette énorme exigence, rappelons-le, est imposée sans rendre aucun service en retour. Aucun de vos économistes ne niera que cette grande ponction ne provient pas directement des industries de votre peuple, et ses effets épuisants se voient quotidiennement dans les lignes qui se durcissent progressivement dans la vie de ceux qui travaillent dur. Au début, vingt personnes sur cent de vos ouvriers possédaient une partie de la superficie de votre ville. Aujourd'hui, seulement quatre pour cent sont propriétaires fonciers, et d'ici quelques décennies, pas plus de cinq sur mille vivront ou poursuivront leurs occupations sans le consentement virtuel d'un propriétaire foncier surintendant, à la merci duquel, en s'abstenant de l'expulsion ou de l'extorsion, ils resteront dans une incertitude constante.

La propriété de vos terrains urbains sera désormais passée presque exclusivement entre les mains de votre classe de loisirs ; et les énormes sommes d'argent prélevées mensuellement pour le loyer, au lieu d'être, comme autrefois, en partie restituées sous forme de capital, pour aider le travail dans les diverses entreprises industrielles, sont maintenant soit dissipées dans le luxe, dépensées dans de nouvelles possessions, ou investies dans quelques-unes des nombreuses autres. entreprises monopolistiques de l'époque. Les effets de ce fardeau injuste se manifestent quotidiennement. Il réduit les économies possibles de travail et les accumulations d'industrie à un tel minimum que le succès dans ces domaines est l'exception plutôt que la règle. C'est principalement à cause de ce monopole de la terre que la vie parmi vos masses est une lutte continue et ininterrompue ; et à cela, plus que tout, est due cette répartition inégale des richesses qui offre à quelques-uns seulement la culture et la connaissance qui les élèvent, et qui condamne le plus grand nombre à une usure incessante des nerfs et des muscles pour subvenir à leurs besoins.

Vous ne pouvez manquer d'avoir observé, comme l'un des signes les plus prometteurs de votre destinée, que là où l'humanité, au milieu de la civilisation, est la plus libérée des soucis de subsistance, elle a tendance à consacrer ses loisirs à la culture de l'esprit. La grossièreté et la vulgarité des uns, le raffinement des autres, sont entièrement dues à la différence des possibilités de développement, et entre les deux il doit toujours exister une grande répulsion. Quel bien pouvez-vous donc attendre de l'humanité dans son ensemble, pourvu que, grâce à vos méthodes, seuls quelques-uns se voient garantir la possibilité de connaître ?

Les forces à l'œuvre au sein de votre société ont maintenant, dirons-nous , élevé votre population et vos conditions générales au niveau de celles que l'on peut trouver dans les parties les plus anciennes de la Terre. Votre pauvreté est plus intense et plus répandue, avec pour conséquence une augmentation correspondante de la criminalité, tandis que votre richesse est devenue plus abondante et ostentatoire. Poussées par les nécessités de la vie et par une courageuse émulation, toutes vos industries se trouveront dans la plus haute tension d'action. Les produits accumulés du travail et son activité multipliée vous ont donné un semblant de prospérité et de réussite. Mais tandis qu'au cours de votre progrès vous avez créé de nouveaux besoins et de nouveaux besoins, vous n'avez pris aucune mesure juste par laquelle ils pourraient être, aussi près que possible, également partagés ; et en conséquence , les misères apparentes aussi bien que silencieuses et cachées de la vie humaine n'ont jamais été aussi grandes.

On peut observer maintenant une augmentation marquée de la diffusion et de l'influence de votre religion. À mesure que l'espoir de réussite dans la vie diminue et que les chagrins et les détresses augmentent à cause de vos luttes inégales, les masses souffrantes et déçues se tournent naturellement vers une autre existence pour ce qui leur a été refusé ; et on peut dire de toutes vos théories religieuses que leurs artifices pour vous faire souffrir sans vous plaindre les outrages de l'autorité sont les meilleurs qu'on pût imaginer. Les rares parmi vous qui profitent des bienfaits de la vie, entourés de ce besoin et de ces privations dont ils ne peuvent échapper aux voix et dont ils ne peuvent manquer d'observer les bras puissants, se tournent instinctivement vers vos doctrines religieuses avec un sentiment de sécurité et de protection. Les quelques privilégiés, regardant la grande multitude de leurs frères moins fortunés, sont conscients que la surabondance dont ils jouissent a été acquise de manière douteuse, et ils sont prompts à adopter cette justification commode, qui attribue les plus grands maux et fardeaux du grand nombre à un arrangement préconçu et inaltérable de la volonté divine.

CHAPITRE IX.

AVANT de comparer une de nos villes, il sera nécessaire de vous expliquer quelques-uns des processus qui ont rendu possible notre civilisation actuelle. Ce que j'ai dit vous donne déjà une idée de la différence très frappante entre la société de Mars et celle de la Terre, dans la façon dont elles traitent les intérêts du travail. Alors qu'avec votre traitement insouciant et indifférent, le travail reste dégradé, nous l'avons élevé au point d'honneur. Nous sommes parvenus à nos méthodes de traitement par cette induction philosophique qui nous a interprété les nombreux décrets fiables et infaillibles de la volonté divine. La nature, dont nous dépendons pour tout ce que nous savons des désirs suprêmes, a fourni des signes indubitables que la diligence physique est une qualité salvatrice et saine, inséparable de l'intelligence, dans son sens étendu tel que nous la connaissons, sur laquelle repose l'existence même de tout ce qui est matériel. les choses reposent. Mais même les activités de la nature ne sont pas plus indispensables à la solidité de la Terre que l'énergie mentale et physique individuelle ne l'est au bien-être et au progrès de votre société. Puisque l'une de ces énergies est aussi utile que l'autre dans l'économie mondiale, nous ne pouvons concevoir aucune raison pour laquelle vous devriez permettre à l'une d'elles de dominer l'autre ; ni comment vous pouvez vous justifier en accordant à l'un tous les honneurs et émoluments, tandis qu'à l'autre vous poursuivez une voie qui refuse les opportunités et lui confère de toutes les manières une échelle sociale inférieure.

Nous avons répondu à ces tendances naturelles il y a des siècles, en étant déterminés à égaliser, autant que possible, les fardeaux de la vie entre toutes les classes, et à cette fin nous avons principalement orienté nos efforts pour soutenir les intérêts de ceux qui, par une lutte pour le nécessités de la vie, sont obligés de travailler dur. Des résultats très remarquables ont suivi. Nous avons atteint ce degré de justice où l'artisan habile, par la seule vertu de sa ruse manuelle, peut acquérir une certaine élévation dans notre société, et dont la profession n'est subordonnée à aucune autre sur notre planète. Nous avons parmi nous une classe très nombreuse , connue par la meilleure interprétation de votre langage, comme officiers de l'industrie, qui obtiennent un honneur plus vrai et plus durable que vos héros militaires. Notre admiration à leur égard vient du fait qu'ils contribuent à accumuler et à restaurer les déchets de ces produits industriels qui soutiennent nos vies. Les grades officiels parmi ceux-ci se comparent quelque peu à ceux de votre système militaire. Leurs insignes de fonction sont portés en permanence sur leur tenue vestimentaire, et se distinguer dans cette ligne est l'espoir de tous, car sans avoir porté l'insigne de fonction dans certains de ces grades, la distinction sociale ou politique est difficile. Par des méthodes autrefois en vogue, nous avons uni nos formations intellectuelles et manuelles afin qu'il n'y ait aucune séparation sociale entre elles. Mais tandis qu'une égale distinction attend la poursuite habile de l'une ou l'autre voie, les plus hauts honneurs sont obtenus par ceux qui excellent dans les deux. En conséquence, nos jeunes, encouragés par leurs parents et leurs professeurs, deviennent des émules des qualités d'endurance physique attachées au travail et accomplissent leur mandat parmi les travailleurs avec une volonté que seule une haute ambition pourrait créer. Ce respect et cette considération plus grands que les vôtres pour l'industrie physique auraient été impossibles, si nous n'avions évité les diverses causes qui la suppriment ou la dégradent. En premier lieu, nous avons décrété qu'elle recevrait une part équitable de ses revenus. Principalement dans cette optique, nous avons ordonné qu'aucun propriétaire individuel de terre ne la vole en s'appropriant l'appréciation des valeurs que produit sa diligence. Dans ce but également, nous avons prévu que la richesse et le capital ne pèseront pas sur elle dans les diverses exactions monopolistiques communes à vous. Mais une mesure de justice, à peine moins efficace que celles-ci pour élever et soutenir le travail, est notre système gouvernemental de fixation des taux de salaire.

D'après ce qui vient d'être dit, il ne vous sera pas difficile de croire qu'un ouvrier occupe chez nous une position dans la société très différente de celle que vous occupez dans la société. Sur Terre, poussé par les nécessités de la vie et par une compétition cruelle et effrénée, il est obligé de renoncer à presque toutes ces opportunités qui raffinent et élèvent l'esprit. Il a peu de loisirs, sans la dépression de la fatigue musculaire. Ses habits sont les signes d'infériorité dans votre échelle sociale, et il avance péniblement dans son voyage fastidieux et désespéré, supportant sa condition d'individu soumis à l'interdiction de choses meilleures par un destin inexorable. Aucune compétence ne récompense son labeur incessant, même si, avec l'habileté de ses mains, il construit la richesse du monde. Aux sordides et aux rusés vient la fortune en possessions et en domaines ; tandis qu'il ne lui revient que le privilège de vivre dans la maison d'autrui et de participer à ce repas dont la principale qualité sera sa capacité à restaurer les énergies gaspillées de son corps.

Chez nous, la poursuite du travail manuel s'accompagne de meilleures conditions. En garantissant à l'industrie les récompenses qui lui sont dues, elle a été adoptée par choix plutôt que par contrainte, comme le meilleur moyen d'acquérir l'indépendance. N'ayant aucun chemin vers la richesse, sauf par les qualités remarquables de l'industrie et de la prudence, l'industrie et la probité sont les qualités indispensables qui conduisent aux couches supérieures de notre société. Ainsi, vous le percevrez, les lois naturelles de progression et de développement sont encouragées à produire leurs résultats bénéfiques dans la vie de chaque individu.

Puisque, du berceau à la tombe, tous sont entourés des récompenses vivantes de la bonté, nous n'avons pas besoin de sermons. Nous ne connaissons pas de vice doré. Cela ne porte aucun fruit chez nous mais la destruction. Vous prêchez contre cela et vous le récompensez du même souffle. Vous le dénoncez avec des paroles vides de sens, et au moment suivant vous l'honorez avec un arc. Vous sanctionnez le préjudice global que votre système inflige à chacun, dans l'espoir, dans cette course, d'empocher les pertes des autres. La condition de vie la plus désirable parmi vous est celle dans laquelle l'acquisition de la richesse procure une gratification personnelle, dont l'accomplissement, dans la plupart des cas, passe par une série de torts publics et privés. Les meilleures conditions de vie chez nous s'acquièrent en fécondant d'innombrables projets de bien-être commun.

Vous ne devez pas commettre l'erreur de supposer que notre société est arrivée au niveau mort de l'égalité. Nous n'avons pas de castes, comme vous, séparées les unes des autres par des distinctions marquées en termes de richesse. Mais nous avons des degrés sociaux, comme vous, avec cette grande différence que chacun jouit sans envier les plaisirs à sa portée ; le moindre n'est pas de partager les soucis ainsi que les plaisirs de la vie les uns avec les autres. Le sentiment de mépris les uns envers les autres est totalement inconnu parmi les habitants de Mars. Nous avons prévu qu'il n'y ait pas de substrat illettré et vulgaire dans notre société pour plaindre ou condamner, comme vous l'avez fait. La justice égale de notre système a accordé à tous des opportunités égales de connaissance et de cultivation. En conséquence, aucun individu vivant sur notre planète n'est supérieur à un autre, sauf par un exercice plus assidu de ses dons mentaux ou physiques, ou par une culture plus élevée de sa nature spirituelle.

Une indication marquante de notre développement social avancé est que nous refusons catégoriquement l'accomplissement de tout acte qui constitue un préjudice, même à un degré éloigné, pour nos semblables ; tandis que dans l'intense égoïsme de votre état actuel, vous sacrifiez constamment les intérêts de chacun. Avec de tels sentiments qui prévalent, il vous est facile de comprendre pourquoi aucune classe parmi nous ne se trouve perpétuellement dans des conditions moins favorisées qu'une autre classe, et pourquoi, agissant selon la grande leçon de la nature qui nous a tous envoyés dans la vie sur un pied d'égalité, nous avons ordonné de toutes les manières possibles que le voyage ultérieur soit juste et égal pour tous.

Il ne vous est pas possible de bien comprendre ou d'apprécier ce que je vais vous présenter dans une description de notre société dans la vie municipale, sans une connaissance plus approfondie de certaines de nos méthodes. L'un des plus importants d'entre eux est la perfection que nous avons apportée à notre science statistique et le service indispensable qu'elle est amenée à rendre à notre économie politique. Nous considérons cette branche de la science comme la plus utile et la plus pratique de toutes. Nous en apprenons d'une manière positive beaucoup de vérités que vos économistes ne parviennent pas à atteindre, et nous y avons découvert beaucoup d'erreurs qui ont existé comme résultat de raisonnements sophistiques. Nous l'utilisons comme règle et équerre pour mesurer les spéculations de la philosophie, ainsi que comme guide quotidien dans les affaires pratiques de la vie. Sa plus grande valeur pour nous réside dans le fait que nos conclusions sont tirées des archives de plusieurs siècles. C'est aux sciences sociales ce que l'analyse est à la chimie. Ce n'est que par un enregistrement systématique et ordonné des événements de la nature, ainsi que des changements et des événements de la société, que nous sommes parvenus aux nombreuses vérités profondes qui concernent si profondément nos vies. Par elle, nous avons découvert à quel point la nature cache étonnamment aux yeux du commun tant de ses procédés, coquettant avec nous, pour ainsi dire, en nous refusant ses plus grandes faveurs sans interrogation prolongée et incessante. Mais bien que nos connaissances scientifiques aient été enrichies par ces travaux statistiques, nous ne leur accordons pas moins d'importance dans la gestion des affaires pratiques de la vie.

Notre bureau des statistiques est sans aucun doute le département le plus précieux de notre gouvernement. Il a été amené à son état parfait après des siècles de pratique et d'amélioration, et c'est sur lui que repose, dans une large mesure, la prospérité et le bonheur de notre peuple. Grâce à cela, nous sommes principalement en mesure de sauver notre population des détresses de la surproduction et des occurrences fortuites d'une demande de main-d'œuvre inégale. Votre expérience vous a montré qu'en période de dépression, les causes étaient clairement apparentes. Nous avons seulement fait en sorte d'anticiper ces causes, de tirer l'alarme générale et de les prévenir. En dehors des défauts de votre monnaie et de votre spéculation, qui sont les sources les plus prolifiques de désastre industriel, survient cette surproduction aveugle, totalement indépendante de toute connaissance fiable ou faisant autorité de la capacité de consommation existante. Vous faites face parfois à une grande quantité de travail mal dirigé sous la forme de produits lents à vendre ; et pour le moment, une offre, tellement supérieure à la demande, ne rapporte pas un équivalent complet au travail investi. Ces erreurs fréquentes de production font baisser les salaires et sont en somme plus désastreuses pour le travail que pour le capital ; parce que le travail est diversement qualifié et ne peut pas facilement se transplanter d'un département de production à un autre et est obligé, selon les conditions, soit d'accepter des salaires réduits, soit de rester inactif. Le capital ne souffre pas comme le travail de ces excédents constants. En revanche, il trouve son opportunité, soit en attendant ses rendements d'un marché bas vers un haut, soit en changeant de domaine d'investissement. Dans ces fréquentes suspensions partielles ou totales de la production de marchandises excédentaires, c'est donc le travail qui souffre le plus.

Nous disposons d'un remède presque complet à ce problème dans notre système de statistiques. Notre planète, dans toutes ses parties habitables, est divisée en districts, dans chacun desquels est tenu un registre précis et systématique de toute la main-d'œuvre disponible, ainsi qu'un compte rendu de ses différentes classes, avec la capacité de production distincte de chacun. Dans ce cadre, il est également tenu un compte de tous les produits fabriqués. Les informations ainsi fournies déterminent l'excédent ou le déficit de toutes les marchandises produites.

Nous sommes ainsi en mesure de connaître, presque d'un coup d'œil, la dérive de toutes les énergies de travail et de les diriger en toute sécurité contre toute grande redondance de l'approvisionnement. Lorsque nous sommes engagés dans la production de denrées alimentaires, où la nature devient nécessairement partie prenante de ce grand arrangement de coopération, nous avons conçu une méthode qui sauve ceux qui travaillent dur de l'embarras et de la détresse fréquente d'un coût de la vie intermittent. Nous avions observé que la tendance des aliments bon marché à abaisser les salaires du travail, et des aliments chers à les augmenter, n'était pas égale, les salaires étant beaucoup plus facilement abaissés qu'augmentés sous cette influence naturelle. Notre gouvernement s'est donc engagé à établir un ajustement juste et équitable entre le coût de la vie et les taux de salaire, à modifier lorsque l'occasion l'exige.

Vous ne devez pas vous attendre à ce que j'entre dans les détails de ces questions ; mais comme il peut vous sembler impossible de faire en sorte qu'un taux arbitraire de salaire puisse être appliqué équitablement à tant de personnes différentes, je vais vous donner quelques explications sur notre système de classification du travail, par lequel cette difficulté est surmontée. Nous avons formé à partir des trois qualités de COMPÉTENCE, FORCE et ACTIVITÉ une base sur laquelle évaluer la valeur de tout travail individuel. Chacun d'eux est divisé en trois degrés, et l'ouvrier le plus apprécié est celui qui occupe le premier rang. Le premier degré de compétence est considéré comme égal au premier et au deuxième degré de force et d'activité dans l'estimation des salaires ; et il n'y a pas de premier niveau de compétence autorisé, sauf dans les opérations industrielles exigeant une grande formation manuelle.

L'ouvrier commence généralement sa carrière dans les grades les plus bas de chacun, bien que parfois la force et l'activité soient élevées d'un grade au début. Les salaires de tout travail sont uniformément établis par le gouvernement, conformément à la situation de l'individu et au certificat qu'il détient, lui accordant son statut selon cette méthode d'évaluation de sa capacité. Du milieu de la vie à la vieillesse, des changements se produisent généralement dans son grade, et la répartition de son salaire est par conséquent modifiée ; mais tant qu'il conserve ses compétences, il est important de maintenir le salaire équitable qui lui est alloué contre la perte de force et d'activité.

Ceci n'est qu'un aperçu de notre système. Son importance sera comprise si l'on considère que, grâce à lui , nous avons établi un taux de salaire uniforme pour tous et que nous avons évité à nos ouvriers de se soumettre impuissants à la concurrence naturelle d'un nombre dépendant et au patronage exigeant d'un système égoïste et indépendant. peu. Bien que nous ayons atteint ce souhait d'uniformisation des salaires , nous n'ignorons pas l'impossibilité économique de les rendre constants, et nous avons donc fait en sorte que le taux soit modifié pour correspondre aux variations du coût de la vie. Chaque année donc, après la récolte de nos récoltes, notre bureau statistique fait un rapport sur les approvisionnements alimentaires ; lorsqu'un changement, si nécessaire, est apporté au taux des salaires pour l'année suivante, déterminant ainsi que le travail jouira d'une part équitable de la richesse qu'il produit.

En dehors du métier des ouvriers, nous avons établi une échelle permettant d'estimer un juste taux de rémunération pour tous les employés exerçant des activités professionnelles et commerciales. Cet arrangement est basé sur les qualités de TALENT, d'INTELLIGENCE et de CAPACITÉ. Chacun d'entre eux est divisé en trois grades, et celui qui arrive le premier dans chacun d'eux a droit, bien entendu, à la rémunération la plus élevée pour ses services. Cependant, ces qualifications élevées garantissent généralement une récompense au-delà de l'échelle. Ce système de récompense du travail a un effet considérable sur notre économie politique et est en complète uniformité avec la tendance générale de nos efforts à promouvoir des valeurs stables. L'élément de coût le plus important de tous les produits proposés à la vente est la main-d'œuvre, et celle-ci ne peut jamais être bon marché. Nous n'avons pas un seul produit industriel dans notre liste qui représente, dans son coût de main-d'œuvre, comme beaucoup d'entre vous, la souffrance sous-jacente , décharnée et désespérée de quelque créature luttant pour les maigres moyens de vivre.

Grâce à nos nombreuses concessions, l'industrie physique a été réduite à ce caractère excessivement ennuyeux et épuisant que vous connaissez. Sans les oppressions qui s'abattent sur elle sur votre planète, sa poursuite n'atteindra jamais cette extrémité forcée qui amène la forme courbée et le visage usé par les soucis.

Une coutume réfléchie a fixé à six heures notre durée de travail journalier ; dont la moitié, sous réserve d'un ajustement équitable de nos taux de salaire, fournit un salaire suffisant, dans des circonstances ordinaires, pour assurer une jouissance libérale de la vie. Dans notre système, trois heures de travail par jour procurent une part de richesse légèrement supérieure à la part habituellement obtenue par les ouvriers de la Terre pour leur moyenne de dix heures de travail. Notre force industrielle a donc une facilité d'expansion et de contraction, sans conséquences fâcheuses, que la vôtre ne possède pas. Aucun changement sérieux n'est apporté chez nous par une réduction de la main-d'œuvre à mi-temps et, par conséquent, à un demi-salaire ; tandis que plus ou moins de pincements et de misère suivront sûrement un tel événement avec vous.

Grâce à cette attention particulière portée aux intérêts du travail, nous l'avons fait connaître comme l'une des activités les plus honorables et les plus rentables de la vie. J'ai essayé de vous montrer quelques-unes des manières par lesquelles ce grand objectif a été atteint. Je ne dois cependant pas omettre de vous rappeler que, à mesure que notre gouvernement se charge d'exécuter d'innombrables entreprises qui, sur Terre, sont laissées aux individus et aux organisations d'hommes, ses relations directes avec ceux qui travaillent sont plus intimes et plus étendues que les vôtres. . Il est ainsi mieux à même de mettre en œuvre les méthodes qui caractérisent notre système. La plus grande partie des énergies de notre gouvernement et la sagesse de notre sens politique ont été dirigées vers cette fin de soutien au travail, et de là, sans aucun doute, naissent la sérénité et le contentement général qui prédominent.

CHAPITRE X.

LORSQUE nos autorités décident qu'une nouvelle ville sera construite pour répondre aux besoins d'un nombre croissant et pour établir cette coopération commode dans les branches de l'industrie et du commerce qu'offre une association étroite, son emplacement est entièrement laissé au jugement de un conseil d'officiers du gouvernement, compétents en matière de génie sanitaire et civil. Si, comme c'est souvent le cas, l'emplacement proposé est déjà occupé par un ou plusieurs locataires à vocation rurale, ceux-ci sont scrupuleusement indemnisés de toutes les pertes qui résultent de leur dépossession.

Je souhaite vous faire comprendre ici qu'un locataire, sous notre gouvernement, a une sécurité de possession encore plus grande que vos propriétaires fonciers. Le sens de la justice ambiant et un intérêt généralisé ont établi le droit du locataire de détenir et de jouir, contre toute concurrence, de son lot pendant sa vie. Il a aussi le droit, selon notre coutume, d'en céder la possession par testament ; et c'est plus généralement le cas sur notre planète que sur la vôtre, qu'un terrain soit détenu depuis des générations dans la même famille. Notre gouvernement exerce certains droits d'ingérence, afin que la taille d'une ferme se conforme, autant que possible, à des dimensions telles qu'elle n'emploie pas un grand excès de main-d'œuvre par rapport à celle qui peut être fournie par la famille de l'occupant. D'une manière générale, le locataire jouit des mêmes droits de propriété que détiennent vos titulaires individuels en fief, sauf qu'il ne peut pas céder de titre et ne s'approprie aucune émolument résultant de la plus-value. Son loyer est simplement l'équivalent de votre impôt, avec cette différence très importante que son montant dépend entièrement de la productivité de la saison et n'est jamais une charge.

Une fois décidée, la ville proposée devient un sujet d'intérêt universel. Ses plans sont soumis et approuvés, tout comme vos propositions d'édifice unique. Toutes ses parties doivent être conformes les unes aux autres ; le choix de son emplacement dépend principalement du drainage et de l'approvisionnement en eau, et il possède ces avantages dans la plus haute perfection. Toute maison doit être érigée conformément aux règles. Les travaux commencent par la construction de bâtiments publics dans le centre et la pose de conduites d'évacuation, d'eau, de chauffage et d'électricité dans les rues nouvellement arpentées. Les gens y viennent, comme ils viennent dans vos nouvelles villes, dans le but de tirer profit du commerce et de l'industrie, et de s'installer à leur guise sous un loyer fixe et uniforme. Ils érigent des édifices comme vous, en les variant à leur guise dans leur structure intérieure, mais en se conformant strictement dans leurs élévations extérieures au style adopté par notre commission d'architecture, qui surveille aussi les matériaux employés, la sécurité et la durabilité des ouvrages. Tout quartier peu recommandable ou dépravé est bien sûr impossible dans le cadre de ce plan ; un tel encouragement et une telle propagation du crime ne pourraient pas non plus exister dans l'une de nos villes, comme c'est le cas dans la vôtre, même si nous avions la classe de locataires pour les peupler. Parmi les maux de votre propriété foncière, il faut ajouter que non seulement il favorise le vice par sa tendance à appauvrir vos masses, mais qu'il est prêt à tout moment à le multiplier, en fournissant des locaux pour une association commode.

Le spectacle de notre ville en construction est bien différent du vôtre. Le gouvernement a mis de côté ce qui peut être calculé à votre manière comme des millions d' argent pour l'établissement de divers ouvrages destinés à la santé et au confort de la nouvelle population, et les gens arrivent par milliers de toutes parts pour accomplir ces travaux. Chacun d'entre eux est impressionné par ce sentiment et cet intérêt qui ne peuvent naître que de la propriété, et il n'y en a pas un seul qui ne fasse une partie du travail. Aucun d'entre eux n'a d'espoir d'honneur et de richesse en obtenant le monopole de la terre. Aucun homme riche ne vient avec ses accumulations pour obtenir un privilège perpétuel sur les industries qui viennent tout juste de naître, et pour détenir pour lui et ses descendants le privilège d'exiger quotidiennement et pour toujours une part des gains de son travail plus grande que celle que vos propriétaires d'esclaves reçoivent. de leurs biens humains. Tous choisissent de travailler parce qu'il est à la fois honorable et profitable, et aussi parce que c'est un devoir dont l'accomplissement conscient s'accompagne d'un sentiment de bonheur.

L'utilisation systématique et régulière des muscles volontaires, sans fatigue excessive, a non seulement une influence importante sur la santé, mais contribue également au développement d'un cerveau parfait et bien arrondi, d'où ne peuvent sortir que ces esprits équilibrés qui créent, à partir de le pouvoir de l'intelligence, les bénédictions du progrès humain ; d'où viennent seulement ces hommes pondérés, qui se distinguent parmi vous comme n'étant jamais entièrement le produit du savoir. Chez nous, c'est un axiome que celui qui ne produit pas n'a pas le droit de consommer, et cette doctrine a été tellement appliquée dans notre société que l'inertie physique, si accompagnée de richesse qu'elle soit, est extrêmement rare. En conséquence, chez nous, la richesse n'est pas confrontée aux terribles conséquences d'une mauvaise santé. Le corps musculaire, dans toutes les conditions de la vie, est amené à agir avec le cerveau et les nerfs.

Nous supposerons maintenant que notre ville a atteint une période de croissance égale à votre décennie. Son grand temple n'est pas tout à fait achevé. Ses rues s'étendent au loin, aucune d'elles n'étant plus étroite qu'une centaine de pieds, et certaines d'entre elles plus de deux fois plus larges, pour accueillir les dirigeables et les plus grands entrepôts. Les lignes de façades uniformes, relevées aux coins des rues par des tours surélevées, s'étendent suffisamment loin dans les banlieues en constante évolution pour donner une idée des longues et belles perspectives à venir. Du centre vers l'extérieur, sont réservés, à des intervalles d'environ un demi-mille, des espaces correspondant à la superficie de deux blocs, qui forment une ceinture circulaire autour de l'ensemble. Ceux-ci sont cultivés et embellis dans le plus haut style de jardinage et d'art paysager. Ici se trouvent nos bains publics, nos statues, nos monuments, nos conservatoires et nos arènes pour les sports athlétiques. Ces terrains de plaisir, si pratiques et accessibles, diversifient notre vie citadine avec un goût et une saveur de campagne. Notre ville se développe dans une solide expansion. Il n'y a pas de banlieues dispersées comme la vôtre. Les blocs sont érigés ensemble, et toujours dans le prolongement de l'espace approprié qui les jouxte. Les relations sexuelles et le comportement de notre population sont, comme vous pouvez vous y attendre, différents des vôtres. L'air général de sérénité et de contentement, la politesse uniforme et l'absence de dégradation, avec ses fréquents épisodes désagréables et honteux, marquent la différence entre la population de votre ville et la nôtre.

Mais ce qui nous préoccupe le plus, c'est de faire une comparaison de nos agences productrices de richesse et des canaux de leur distribution, et pour cela nous prendrons notre métropole telle qu'elle se présente dans sa maturité. Elle contient aujourd'hui, comme votre ville de croissance avancée, environ trois cent mille habitants. Ses loyers fonciers ont été soumis à des modifications constantes et sont, par endroits, beaucoup plus élevés qu'ils ne l'étaient au début. Dans certaines localités où le commerce s'est concentré, le fonds public a été augmenté par une avance considérable de loyer aux commerçants, mais il n'y a pas de demande de loyer exorbitante pour des endroits aussi privilégiés que ceux qui existent chez vous. Le but du loyer chez nous n'étant qu'à faire face aux dépenses du gouvernement, son total est limité ; et par conséquent, tandis que dans les districts marchands et commerciaux, où la richesse et le capital sont le plus fortement engagés, la richesse a augmenté matériellement, une réduction correspondante a eu lieu dans les parties résidentielles. L'effet direct et immédiat d'une appréciation de la valeur des terres est donc de réduire les frais de subsistance des masses en réduisant leurs loyers. En l'absence de tout monopole de propriété privée, il n'existe aucun cas, même dans les endroits les plus concentrés, où la rente représente une proportion aussi importante des dépenses commerciales que dans le cas de vous. Grâce à vos modes de propriété foncière, les propriétaires ont accès aux deux poches du locataire. De l'un, ils prennent, jusqu'à la limite de leur cupidité, la somme qu'ils choisissent pour le privilège d'un quartier d'affaires ou d'un lieu d'habitation, et de l'autre, la dîme sur tout ce qui est consommé par le coût accru de sa distribution.

Comme nos désirs et nos besoins matériels ressemblent beaucoup aux vôtres, il n'est pas difficile de faire une estimation comparative des économies de l'industrie. Nous produisons plus de richesses que vous dans un temps donné, même avec nos périodes de travail quotidiennes les plus courtes, car, à quelques exceptions près, tous sont engagés dans une activité de production. Grâce à cette productivité accrue, chaque consommateur est plus riche. Il est capable, avec une moindre quantité de travail, de se procurer une plus grande quantité d'objets de désir. Notre production est plus parfaite que la vôtre, grâce à l'utilisation de machines plus parfaites. Notre division du travail est plus complète que la vôtre. Nos ouvriers ayant d'abondants loisirs pour leur développement intellectuel, tous les avantages pratiques de la connaissance et de la science sont immédiatement mis en œuvre. En évitant votre grand gaspillage de capital par des dépenses gouvernementales excessives, il est constamment si abondant chez nous que sa proportion par rapport au travail rend le travail rémunérateur.

Nous avons maintenant supposé, pour fins de comparaison, que les deux villes, l'une de Mars et l'autre de la Terre, comptent chacune trois cent mille habitants ; et que, si l'on tient compte des femmes et des enfants non engagés dans l'industrie productive, cent mille habitants de chaque ville sont activement engagés dans des activités industrielles. Comme la prospérité générale de chaque ville dépend des gains de ces cent mille personnes, et l'accumulation de capitaux et de richesses de la somme épargnée par ces classes productives, faisons une estimation relative des possibilités que chacune possède en matière d'épargne individuelle. N'ayant pas de moyen d'échange commun sur lequel fonder notre estimation, prenons à cet effet la valeur d'une journée de travail. Le revenu d'une ville provient de deux sources : les salaires globaux de ses habitants et les bénéfices combinés de son capital. Mais cette dernière, étant entièrement issue des consommateurs, est largement alimentée par les habitants eux-mêmes. Et comme tous les produits importés aussi bien que ceux exportés supportent les bénéfices du capital dans leurs taux de vente, nous pouvons affirmer avec certitude qu'une somme à peu près égale à la totalité des bénéfices du capital d'une ville est payée par les consommateurs. dans ses limites en tant que bénéfices du capital. La principale source du revenu annuel de votre ville est donc environ trente et un millions de journées de travail. Sur ce montant, vous devez payer les dépenses, selon votre système, deux millions de journées de travail pour les impôts gouvernementaux, quinze millions de journées de travail pour le loyer foncier, deux millions de journées de travail pour l'eau, deux millions de journées de travail pour l'assurance, et avec le Sur le solde de dix millions de journées de travail, vous devez payer le coût de la nourriture, des vêtements, du combustible, la part du loyer estimée dans les bâtiments, ainsi que les divers accessoires liés au mobilier et à l'éclairage de la maison. Vous remarquerez que toutes ces dépenses, à l'exception de la première, sont en grande partie chargées des profits du capital, de sorte qu'avec les revenus et les dépenses indiqués, vous pouvez être dans un état progressif, tel que vous définissez ce terme. C'est-à-dire que votre capital peut augmenter, et votre richesse peut être très fortement augmentée. L'énorme proportion de vos revenus emportée par le loyer, bien que tirée en grande partie de vos quartiers d'affaires, contribue également par l'ensemble à l'augmentation du coût de tous les produits consommés. Sur vos cent mille producteurs, on peut affirmer que vingt mille ont des investissements en capital. Entre ceux-ci se partage la totalité du surplus des revenus de la ville. Les quatre-vingt mille personnes engagées dans la création directe de richesses sont condamnées, sous votre système cruel, à transpirer et à travailler dur de soleil en soleil sans accumulation. Vous acceptez cet état de choses comme inévitable, et vos économistes soutiennent que la rémunération réelle ou naturelle du travail est le simple moyen de subsistance. Nous avons vu l'origine injuste de ce fonds prodigieux, qui absorbe au moins le tiers des gains du travail : examinons ses effets perpétuels sur les intérêts de ceux qui travaillent.

En examinant votre civilisation, nous constatons dans ses aspects modernes une merveilleuse augmentation de tous les appareils et conditions qui accumulent la richesse. Parmi ceux-ci, on peut citer une division du travail meilleure et plus économique, les découvertes scientifiques, les inventions permettant d'économiser du travail et, par conséquent, une productivité considérablement accrue.

Ajouté à ces apports de connaissances et de sciences dans l'intérêt de la classe ouvrière, vous avez connu, au cours du siècle dernier, l'acquisition la plus remarquable en faveur du travail qui ait jamais été connue sur votre planète. Je fais allusion à l'acquisition de terres nouvelles et fertiles, sur lesquelles les frontières de la civilisation ont été repoussées et à partir desquelles, grâce aux nouvelles méthodes et dispositifs d'agriculture et de transport, les réserves alimentaires de la Terre ont pu affluer. un flux constant vers les quartiers de leur consommation. Ces immenses avantages ne pourraient manquer d'avoir, dans une certaine mesure, un effet bénéfique sur votre classe ouvrière. Dans la mesure où vos ouvriers d'aujourd'hui sont en mesure d'obtenir davantage de confort de vie qu'autrefois, on peut dire que les salaires réels ont considérablement augmenté. Mais leur part dans la richesse produite est aussi petite qu'autrefois. Par les nécessités modernes que l'habitude a rendues difficiles à éviter, ils sont devenus de plus grands consommateurs, ce qui a permis à votre capital, avec ses avantages indus, d'augmenter ses réserves au-delà de toute proportion avec une juste répartition des richesses produites. Mais les approvisionnements alimentaires plus nombreux et moins chers, ainsi que l'abondance des capitaux de votre époque récente, tout en servant à neutraliser l'effet déprimant de l'augmentation de la population dans les rangs ouvriers et à instaurer une condition de prospérité générale dans le commerce et les activités mercantiles, ont au contraire a offert en même temps à tous vos accapareurs de terres la possibilité d'extorquer, sous la pression de la concurrence, tout le surplus des gains de vos ouvriers. Précisément les mêmes conditions heureuses qui leur ont apporté un minimum de prospérité ont créé un champ plus riche pour vos monopoleurs, et en particulier pour ceux d'entre eux qui, grâce à leur propriété de terres urbaines, peuvent tirer parti des demandes étendues des affaires et d'une population en croissance rapide. , une part injuste de la richesse produite. Le privilège illimité de s'approprier la plus grande part des profits de l'industrie donne une valeur spéculative aux biens de vos propriétaires, et sert à leur tour à leur fournir l'excuse d'un parallèle dans leurs charges de loyer avec le taux actuel de l'intérêt. sur l'argent. Si l'industrie peut être forcée de leur céder maintenant un tiers de ses revenus, les possibilités du futur feront sombrer des rêves dorés, qui ne leur promettent rien de moins que le pouvoir de votre Midas imaginaire – des rêves qui encouragent une création de richesse plus facile qu'auparavant. possédé par vos anciens barons, qui, par la force des armes, ont pu détenir, - ce que vos lois et coutumes modernes permettent également, - le privilège de priver l'industrie de millions de mains occupées de tout autre chose que d'une simple subsistance et d'un abri contre le éléments.

Cette rente n'entre pas dans une grande mesure dans le coût de vos produits agricoles, elle est due à l'abondance de nouvelles terres constamment mises en culture et à l'égalisation des situations que favorisent vos chemins de fer. Une augmentation de la demande de nourriture et la promesse d'une hausse de son prix mettent en culture des terres moins fertiles ou plus éloignées de vos marchés. Le pouvoir monopolistique de la propriété foncière agricole est ainsi détruit. Tant que ces conditions favorables existent, le coût de vos denrées alimentaires sera régi par la seule valeur du travail employé. Les profits du capital n'y participent donc que lorsqu'ils quittent les mains du producteur. Vos terres cultivées, si fertiles soient-elles, n'ont aucune valeur, si ce n'est la possibilité qu'elles offrent au travail d'échanger ses services contre de l'argent. Cette catégorie de terres fixe le prix et déprécie la nourriture de la Terre. La valeur de toutes les terres à partir de ces degrés de fertilité est estimée par la quantité de produit dérivé d'une quantité de travail donnée, et, sauf dans quelques situations préférées, il n'y a pas encore de valeur de monopole sur vos terres cultivées. À cela, plus qu'à toute autre chose, est dû le bon marché relatif de votre nourriture et l'augmentation constante et sans restriction de votre population. Avec le temps, cependant, pour des raisons trop évidentes à mentionner, le loyer devra entrer dans l'élément initial du coût de vos produits alimentaires de base, tout comme il participe aujourd'hui dans une large mesure au coût de leur distribution. La manifestation la plus complète des méfaits de votre système de propriété privée aura alors lieu. Les signes de ce qui pourrait se produire à cette période critique qui approche rapidement se voient dans le caractère totalement impitoyable de vos détenteurs de richesses, qui, face à une intelligence divine, qui a si charitablement fourni à tous une abondance égale, tentent de renverser les lois naturelles du commerce par des combinaisons déloyales, connues parmi vous sous le nom de trusts et de syndicats, dans lesquelles le bien commun est sacrifié à leur amour déterminé et sans scrupules du gain.

Vous n'avez peut-être pas pleinement réfléchi à la raison pour laquelle votre richesse est si généralement dépourvue des meilleurs sentiments et impulsions de l'humanité. Le désir d'accumuler qui imprègne toutes les classes ne peut rien accomplir dans les rangs du travail, sauf pour ceux qui le possèdent à un degré démesuré. L'anxiété du gain doit être si intense qu'elle submerge le désir de gratifications à portée de main et qu'elle produit une force de retenue qui nie tout besoin et tout plaisir superflus. Seuls quelques - uns possèdent ce pouvoir d'abstinence qui peut échapper à une vie de corvée. Les rangs du capital et de la richesse sont en grande partie recrutés parmi ce corps d'abstentionnistes. Sous les effets déprimants de votre condition monopolistique, la prudence ordinaire et une sobriété modérée ne sont, en règle générale, pas capables de jeter les bases de la richesse. Par conséquent, par un processus naturel de sélection, les rangs de vos classes aisées ont été remplis, pour la plupart, par les mercenaires les plus agressifs et les plus avides de votre race ; tandis que la meilleure partie de l'humanité, là où prédominent les impulsions altruistes et généreuses, doit payer le prix de ses vertus dans une dépendance sans soulagement. Votre classe aisée prospère, arrivant avec le temps à la place de pouvoir que lui procure sa richesse, façonne et dirige votre législation ; qui, comme on peut s'y attendre, au lieu de se consacrer, comme il se doit, principalement à soutenir des mesures visant à égaliser et à améliorer les conditions de toutes les classes, fait fonctionner l'appareil gouvernemental à ses propres fins égoïstes, ouvrant des voies faciles et confortables pour ces projets qui multiplient sa richesse.

Bien que le désir d'accumuler soit reconnu comme la source de tout progrès matériel, sa réalisation, dans notre système, est principalement la récompense de ces qualités de l'esprit qui ne sont pas des leçons sûres pour l'acceptation commune. Vos exemples de réussite matérielle ne sont pas de bonnes études, si la charité et le véritable esprit public doivent être considérés comme dignes d'être élargis par précepte.

CHAPITRE XI.

NOTRE civilisation plus avancée et notre démocratie plus véritable ne se manifestent nulle part de manière plus frappante que dans la manière dont nous avons déterminé le partage égal des intérêts fonciers. Avec notre ville de trois cent mille habitants, et son revenu pendant la même période que la vôtre de trente et un millions de journées de travail, nos autorités évaluent à peu près la somme en rente foncière équivalant à huit millions de journées de salaire moyennes. nos ouvriers. Pour ce montant en main, notre gouvernement fournit à ses locataires, sans frais supplémentaires, des rues parfaites et en constante réparation, de l'eau en abondance pour le ménage et d'autres usages, de l'éclairage dans les maisons et dans les rues, du chauffage par notre système (que vous n'avez pas découvert), un parfait un drainage sans frais ni réparation de conduits, une assurance contre les pertes individuelles par incendie ou inondation, un enterrement gratuit des morts et un système d'éducation conférant à chaque individu les branches d'études supérieures.

Outre cet immense service, le gouvernement fournit des édifices religieux, des édifices de divertissement public et des terrains de plaisance. Et tout cela, gardez-vous en tête, à un moindre coût pour notre population que ce que vos propriétaires exigent de vous pour le seul loyer foncier. En ajoutant à cela quatre millions de journées de travail pour le loyer, payées aux propriétaires privés d'immeubles, il nous reste dix-neuf millions de journées de travail pour les frais de subsistance, non fournies par notre gouvernement, et d'où proviennent tous les profits et accumulations de capital, sauf ceux provenant des loyers des immeubles. Vous verrez ainsi qu'une fois supprimés tous les privilèges monopolistiques qui se sont attachés à votre système, le capital a encore toute latitude pour exercer ses fonctions légitimes dans les domaines de la production et de la distribution, en dehors desquels il n'a aucun droit et n'est pas autorisé à exercer ses fonctions légitimes. n'a droit à aucune considération législative.

Ce n'est qu'en supprimant les demandes et les profits du capital que le gouvernement est en mesure de fournir tous ces services à un si petit coût. Nous considérons comme un principe de justice que les éléments naturels ne devraient pas être autorisés à former la base de la gestion des entreprises ou du contrôle monopolistique, et donc au lieu d'accorder au capital le plus grand privilège de s'approprier les bienfaits de la nature qui se trouvent prêts à être utilisés. , nous avons limité ses opérations à un simple partenariat avec les travailleurs, auquel il appartient à juste titre. Dans nos efforts pour soutenir le travail et égaliser ses chances avec le capital, nous sommes allés bien plus loin que cela. Nous estimons que tous les besoins publics de demande générale, pour lesquels de grandes dépenses en capital fixe sont nécessaires et qui ne relèvent pas strictement de la production, devraient être pourvus par le gouvernement. Nous supprimons le fardeau du travail en le débarrassant des grandes entreprises capitalistes qui subsistent grâce à lui et qui ne parviennent pas à partager avec lui une part raisonnable des revenus. Les grosses sommes d'argent et les privilèges spéciaux requis dans ces opérations d'approvisionnement, dont vos lignes de chemin de fer, de téléphone et de télégraphe sont des exemples frappants, entravent la tendance naturelle à la concurrence, et le capital et la richesse se voient ainsi accorder des avantages sur le travail qu'ils ne devraient pas. de droit avoir.

Le privilège illimité du capital dans ces directions a été défendu sous le prétexte qu'il accélère considérablement votre progrès matériel ; que dans des mains privées, ces entreprises peuvent être gérées de manière plus économique ; et que la centralisation du pouvoir dans un gouvernement serait dangereusement accrue par la propriété de si grandes entreprises. Toutes ces allégations, à l'exception de la première, sont sans fondement dans les faits. Le poids politique croissant, en particulier dans vos gouvernements représentatifs, de toutes les combinaisons monopolistiques, en raison de leur richesse et de l'importance de leur favoritisme individuel, vous présente le choix entre un gouvernement gouverné par des influences extérieures, qui ne peut être tenu responsable des maux qu'il a involontairement infligés par la pression irrésistible de l'extérieur, ou un gouvernement entièrement et absolument responsable, et être tenu à une stricte responsabilité pour tous les empiètements sur le bien-être commun lors de la gestion de ces services d'approvisionnement. Dans ce dernier cas, votre remède est facile ; et peut être facilement appliqué ; tandis que dans le premier cas, seule une convulsion politique vous servira. Aucun gouvernement avancé sur votre Terre n'a jamais entrepris un service public de quelque ampleur que ce soit sur le long terme, qui n'ait pas été systématisé et amélioré par toutes les connaissances et la science disponibles de son époque. La différence entre une offre publique et une offre privée d'une demande commune est qu'à l'une s'ajoutent les coûts et les profits du capital ; tandis que l'autre, débarrassée de ces exigences souvent excessives, est fournie au tarif le plus bas possible.

Toute politique de vos gouvernements, aussi imprudente soit-elle adoptée, devient avec le temps un élément difficile à supprimer. Les abus qu'on sait qu'elle produit sont tolérés longtemps après que son mal a été compris. Pourtant, il n'en est guère un qui n'ait pas eu ses défenseurs actifs. La défense habile de mesures qui ont depuis longtemps été effacées pour leur injustice flagrante, présente certains des exemples les plus frappants d'oubli mental de vos annales. Cependant, aucun gouvernement de la Terre, au cours de sa longue carrière législative, n'a jamais été connu pour favoriser les travailleurs et les sans-terre au détriment des intérêts de ceux qui détiennent les dotations de la surface de la Terre. Ce qui semble, à première vue, être une telle mesure dans votre propre pays, dans ce que l'on peut généralement appeler votre politique foncière, avec ses dispositions sur les homesteads, devient illusoire après un examen plus attentif. Chacune de vos lois, dans le but prétendu d'accorder votre territoire au travail, porte le dessein secret ou la connivence de favoriser les opportunités du capital. Depuis l'inauguration de votre système, le capital et la richesse ont progressivement absorbé vos terres, et le partenariat de travail sur celles-ci est aussi transitoire et accidentel que les opportunités offertes aux premiers stades de la croissance de votre ville.

Le fait semble que, dans votre développement actuel, le sentiment général d'acquisition individuelle parmi vos classes dirigeantes est trop grand pour traiter équitablement l'ensemble de votre peuple dans des opportunités aussi séduisantes de gain personnel. Vous ne pouvez pas empêcher, dans le cadre de votre système actuel de propriété privée, que les terres actuellement détenues par votre peuple ne tombent entre des mains relativement peu nombreuses. Ce processus, bien que se poursuivant depuis des années, s'accélère progressivement et deviendra rapidement apparent lorsque le reste de votre territoire public aura échappé aux mains de votre gouvernement. Les propriétaires de vos terres ont toujours gouverné et continueront de gouverner les pays de la Terre. Aucun gouvernement représentatif ne peut exister longtemps sans un système qui empêche le monopole de son territoire par la richesse.

Aucune autre idée ne semble avoir été partagée par les fondateurs de votre nation, si ce n'est que votre terre était un bien meuble, dont on pouvait disposer contre de l'argent, et autant un sujet de troc et de spéculation qu'une marchandise, et comme elle, sujette à cette dépression. en valeur que produit une offre surabondante. Ses avantages inégalés en tant que sujet de spéculation sont devenus de plus en plus évidents à mesure que votre population augmentait. C'est une illustration frappante de l'influence irrésistible de l'impulsion mercenaire sur votre planète, que ceux qui ont joué un rôle important dans l'établissement de tant de progrès vers l'égalisation des conditions et des privilèges de leurs semblables détenaient, globalement entre eux, le titre et la possession. dont ils étaient prêts à défendre, une superficie de la surface de la Terre égale à environ huit millions d'acres de votre république, cent mille acres étant en possession de celui qui devint le premier président de votre république. Je ne parle pas de ces faits dans un esprit de censure envers ces hommes si éclairés et épris de liberté au-delà de leur temps ; mais seulement pour montrer cette singulière limite de vision qui proclamait sincèrement l'égalité de tous les hommes, qui favorisait une méthode politique qui devait, avec le temps, asservir ou paupériser la majorité.

Il ne fait aucun doute que les privilèges illimités du capital dans ces directions ont grandement accéléré votre progrès matériel. L'utilisation rapide des immenses ressources de votre propre république a caché et déguisé le mal qu'elle produisait progressivement. Les nouveaux champs de travail ouverts par les nombreuses entreprises monopolistiques l'ont satisfait et apaisé ; et l'invitation ouverte, pour le moment, à un partenariat avec le capital pour l'occupation du sol à des fins de culture, ne laisse aucun motif apparent de plainte parmi les masses qui travaillent. Ainsi, vos demandes de main-d'œuvre ont été tellement supérieures à l'offre, que de grandes acquisitions ont été tirées des pays les plus anciens de la Terre. Ceux-ci fournissant les os et les tendons nécessaires à un développement encore plus rapide, vos progrès sont devenus la merveille de notre époque. Vous remarquerez cependant que la prospérité générale parmi toutes les classes de votre société et l'absence de tout grand grief public sont précisément cette condition qui rend faciles les incursions du capital et de la richesse, de sorte que pendant toutes vos énormes accumulations par les mains de vos ouvriers, dont ils n'ont que peu à gagner en dehors de leurs frais de subsistance, les fortunes financières les plus prodigieuses de l'histoire sont tombées entre les mains d'un petit nombre. Contrairement aux pays les plus anciens de la Terre, où la pauvreté croissante des masses est une séquence naturelle et inévitable de grandes accumulations de richesses entre quelques mains, vos pauvres ne s'appauvrissent pas sensiblement au cours de cette répartition inégale. Vos énormes ressources maintiennent le travail dans une condition de prospérité relative pendant toutes ces incursions sur lui. En conséquence, à cause de l'abondance que les bienfaits de la nature vous ont fournie et des énergies stimulées que vos industries récompensées ont induites, votre travail se soumet inconsciemment à l'extraction d'une part injuste de la richesse qu'il produit sans souffrance individuelle. La meilleure condition de vos ouvriers, comparée à celle des autres pays, ne doit cependant pas dissimuler le fait que le capital et la richesse reçoivent une nouvelle assurance et sont, de ce fait, encouragés à de nouvelles exigences envers les industries. Même si vos pauvres ne s'appauvrissent pas encore sensiblement, vos riches deviennent infiniment plus riches. Les meilleures opportunités de travail ont amené de l'étranger des millions de travailleurs qui, dans le développement rapide du pays, ont tellement apprécié la valeur de la terre que le sein de la Terre a été converti en un objet de spéculation et que la principale affaire de richesse a été pour empocher l'augmentation qu'il n'a pas gagnée.

Vous ne pouvez manquer d'avoir remarqué que jusqu'à présent, votre classe monétaire n'a eu que peu de rapport avec la terre dans vos districts agricoles, sauf pour l'acheter et la vendre. Le capital, autre que la quantité limitée qui a été créée sur la terre, n'a pas encore été amené à se consacrer à sa culture, parce que, de l'abondance et de la facilité d'acquisition de la terre, il doit provenir, ce faisant, d'une concurrence si directe avec le capital. travail de manière à ne pas laisser une marge de profit satisfaisante. Cependant, lorsque vos terres publiques auront été toutes cédées à des mains privées, alors le prix des produits de la terre ne sera plus gouverné comme aujourd'hui par la volonté du travail de faire de leur production un simple échange contre des salaires équitables, alors, et ce n'est qu'à ce moment-là que vous verrez des capitaux s'engager dans une large mesure dans les affaires agricoles.

Lorsque ce moment arrivera, un changement dans votre économie s'opérera progressivement. Les relations du travail avec le capital, qui ont été si modifiées jusqu'à présent par les conditions plus faciles du premier, avec son abondance de terre libre pour absorber son excédent, seront ramenées à leur ancien état de plus grande dépendance. Elle ne connaîtra plus le grand avantage qu'elle a détenu si longtemps dans son partenariat avec la terre fertile. Sa dépression réduira les revenus d'innombrables projets de monopole, et les opportunités spéculatives du capital dans le contexte de la hausse rapide de la valeur des terres seront réduites au minimum. L'acquisition de terres destinées à être utilisées et cultivées deviendra alors l'un des investissements les plus prometteurs pour le capital existant. Il y aura une hausse du prix des denrées alimentaires de base, et le loyer, pour la première fois de votre histoire, y entrera comme un élément important du coût.

Plus d'un organisme facilement reconnaissable de votre civilisation aura tendance à réduire le nombre de vos petites fermes et à placer le commerce de l'approvisionnement alimentaire entièrement sous le contrôle de votre classe riche et capitaliste. Vos petits propriétaires occupant actuellement des terres de faible fertilité et qui, avec leurs moyens limités mais à peine plus que subvenir à leurs propres besoins, soumettront volontiers leurs titres aux capitalistes, qui, avec l'avantage de machines coûteuses permettant d'économiser du travail, trouveront la culture d'un nombre de ces tracts jetés dans un profit suffisant pour engager leurs moyens.

Les dispositifs d'économie de travail que votre ingéniosité a conçus pour les activités agricoles accéléreront la demande de plus grandes exploitations et, bien qu'ils diminuent considérablement les dépenses de production, ils ne feront pas baisser le prix des denrées alimentaires sur le marché. Tandis que les machines compensent largement la réduction des services du travail en leur fournissant des articles manufacturés à moindre coût, aucune concurrence aussi ouverte et sans restriction ne peut exister dans la fourniture de produits qui nécessitent, comme nécessité pour leur production, un agent naturel dont la possession est dans tous les sens du terme un monopole.

Les machines n'ont jamais diminué le prix des matières premières qui proviennent directement du sol, parce que leur utilisation pour la culture n'a été qu'exceptionnelle et ne pourra jamais se généraliser tant que la terre sera détenue en petites étendues. C'est précisément cette condition qui attirera l'attention des investisseurs en terres pour les profits d'usage, et dès la première hausse permanente du prix de vos denrées alimentaires, l'opération de transformation des petites fermes en grandes fermes commencera.

Le privilège et l'espoir de tous de posséder une grande ou une petite partie de la surface de la terre donnent à votre système de propriété personnelle une apparence d'équité qui n'est pas en contradiction avec vos aspirations populaires à l'égalité, et le mal ne sera pas généralement admis. jusqu'à ce que cela se fasse sentir plus sérieusement.

Je suis désolé de dire à votre sujet que le principe d'égalité, tel que nous le comprenons, n'a jamais été sincèrement envisagé ni mis en œuvre par aucun des gouvernements de la terre. Vous avez pris pour acquis qu'une classe de serviteurs et de dépendants, représentant les quatre cinquièmes de votre population, doit toujours contribuer à constituer la somme de votre population, et aucune mesure législative ne peut être trouvée dans vos archives qui soutienne cette grande partie de votre population. les gens contre les empiètements par lesquels la richesse et le capital sont continuellement autorisés à envahir leurs intérêts. La liberté elle-même n'a que peu de valeur lorsque la vie devient une perte de toutes les voies et moyens pour l'améliorer. Il n'existe en effet pas de liberté au sens propre du terme, où tous les instants de la vie doivent être troqués contre les moyens de vivre.

Au fur et à mesure que votre développement a progressé, le sentiment de fraternité, tel que nous le connaissons, ne s'est jamais imposé dans l'esprit de votre législation. Le spectacle des quatre cinquièmes de votre nombre travaillant dur de soleil en soleil sans autre but que d'enrichir l'équilibre n'a inspiré aucune compassion et n'a suscité aucune mesure de soulagement. Dans les régions de votre autorité, où il doit y avoir quelque touche d'instinct fraternel, rien ne préside que le génie égoïste et mercenaire de Mammon. L'impulsion divine pour de meilleures choses est parmi vous, mais au lieu de déployer son œuvre dans les affaires pratiques de la vie, elle a été détournée vers les canaux de vos croyances occupées mais infructueuses. Vous portez votre religion comme un vêtement de fête. Nous avons appris à porter les nôtres comme un vêtement ordinaire.

Le passé est brûlé, avec un résidu qui n'a que peu de valeur, sauf comme avertissement. L'avenir n'est pas le nôtre, mais celui de l'univers avec son destin caché et irrévocable. Le présent nous appartient et c'est notre credo d'être heureux en sa possession. Nous aurions pu semer la peur comme vous l'avez fait, et nous aurions pu être tout aussi submergés par leurs terreurs multipliées. Nous aurions pu inventer un paradis circonstanciel comme le vôtre, avec son chemin d'espérances temporelles éteintes et ses découragements des plus nobles ambitions de construire avec les matériaux en vue ; mais dans quel but sinon indigne ? Le présent est le nôtre. Notre champ fait partie des êtres vivants qui nous entourent. Le plus de la vie pour nous, ce sont ses possibilités de bonheur et les opportunités qu'elle offre pour jouir de nos impulsions religieuses pour servir la Divinité en faisant progresser nous-mêmes et notre société vers cet état de perfection auquel, sous l'intelligence suprême, toutes choses sont prises en charge. tendre.

CHAPITRE XII.

Une condition notable de votre société, comparée à la nôtre, est le progrès lent de vos femmes depuis la soumission complète aux hommes qui existait dans votre état primaire. Il n'est pas surprenant qu'à votre stade actuel de progrès, les mâles de votre race continuent d'usurper bon nombre des privilèges qui leur sont venus en héritage d'une ascendance sauvage et brutale d'existence relativement récente, et que votre éveil progressif à un sentiment de la justice dans cette direction est l'une des nombreuses preuves que vous avancez sur les lignes tracées pour vous par la loi divine de l'évolution de la pensée.

Nous avons trouvé certaines qualités d'esprit actives, prédominantes partout chez les femmes, indispensables à un meilleur progrès dans l'avancement social, et de grandes choses nous ont été apportées par notre actuelle égalité absolue des sexes. Vous ne connaissez pas la pleine valeur des femmes en tant que facteurs de progrès social, ni même ne les soupçonnez, parce que vous n'avez jamais assisté à l'expérience d'un retrait complet des restrictions qui les maintiennent assujetties ; pourtant, c'est un fait que dans ce qui constitue véritablement les progrès les plus nobles de l'humanité, ils sont vos supérieurs. Ils ont laissé plus loin derrière eux les brutalités du passé, sont plus profondément touchés par vos inhumanités et iront plus loin pour les bannir que vos hommes.

Votre estimation de la capacité mentale des femmes est singulièrement erronée. Le recadrage occasionnel de leurs réalisations intellectuelles, et l'augmentation marquée de celles-ci avec la multiplication des opportunités, ont dû vous laisser entendre que leur silence et leur apparente infériorité dans les efforts mentaux supérieurs étaient uniquement dus à leur longue période de subordination, pendant que les usages de votre société ont découragé toute tentative d'entrer sur le terrain en concurrence avec les hommes. Grâce aux opportunités et aux encouragements que nous leur avons accordés, ils se sont élevés à un niveau très élevé, notamment dans la littérature, la poésie et l'art. Nous leur devons beaucoup de nos chefs-d'œuvre dans ces domaines, et leur aptitude à l'étude et à la recherche se manifeste dans la place égale qu'ils occupent chez nous dans la science et les professions. Ces qualités d'esprit féminines que vous décrivez comme le cœur, la sympathie, le sentiment et l'émotion, et qui sont généralement considérées par vous comme déplacées dans les affaires de l'État, sont précisément celles dont vous avez le plus besoin dans la législation. C'est principalement à travers les sentiments mentionnés que s'expriment les impulsions divines, et pourtant la partie de vous-mêmes où elles prédominent le plus est exclue de vos conseils.

Le modèle de tout ce qu'il y a de meilleur dans vos gouvernements ne se trouve nulle part ailleurs qu'au sein de la famille. La serviabilité immédiate et l'attention égale portée au bien-être de chacun dans son enceinte, étendues aux motifs et aux objectifs de vos politiques publiques, englobent tout ce qui est nécessaire à un gouvernement parfait ; pourtant, vous avez choisi dans la famille la partie la plus difficile et la plus égoïste de la famille pour la direction exclusive de vos affaires publiques, son égoïsme intensifié dans vos relations avec la société au-delà des limites du foyer, par ceux qui assument les responsabilités paternelles – en grande partie à cause de la subordination des femmes – qui, à bien des égards, interfère avec les efforts pour le bien de l'ensemble.

De par la nature des choses, vos hommes sont plus facilement vaincus par les forces politiques maléfiques que ne le seraient vos femmes. Ces derniers, plus étroitement liés aux intérêts de la famille, dans sa formation morale, et moins disposés à sacrifier le bénéfice de l'exemple, sont par conséquent moins corruptibles que les hommes. Les femmes ont une plus grande affinité naturelle pour la vertu que les hommes, plus de altruisme et un plus grand souci du bien-être moral de l'humanité, comme en témoigne leur soutien plus sincère à la religion.

Avec l'émancipation des femmes, les sciences humaines de la vie entreraient plus largement dans votre politique. Vous en avez la preuve dans les rares instances locales où le droit de vote leur a été accordé. Les méthodes et les sentiments familiaux souhaitables, dont ils sont de meilleurs représentants que les hommes, n'ont jamais manqué de faire surface comme indices de leur présence. Ils ont invariablement montré une plus grande inclination que les hommes à considérer le bien-être des personnes dans la législation contre le seul bien-être de la propriété, qui a jusqu'à présent si monopolisé et corrompu votre politique. Votre législation, entre les mains des hommes seuls, n'a guère réussi à soulager les détresses de l'humanité. La main froide et calculatrice de la spéculation, qui n'investit que pour récupérer ses capitaux avec un taux d'usure élevé, a toujours considéré votre législation comme un instrument prêt à atteindre ses objectifs, et sans des vues plus élevées, vos gouvernements continueront de rater leurs opportunités d'aider l'humanité. . Avec l'admission des femmes, les sentiments supérieurs trouveraient plus tôt leur place. Ce serait la première étape vers un rapprochement entre la religion naturelle et la politique. L'état irrationnel actuel de vos croyances spirituelles retarde l'adoption d'un code moral dans vos systèmes de gouvernement. Avec vous, l'État est amené à ne se soucier de rien dans l'intérêt de la morale, si ce n'est de punir ses infractions. Il ignore, comme faisant partie de ses devoirs, toutes les incitations au bien, et, dans le traitement du crime, le service de sa prévention, autrement que le châtiment, n'est pas pris en compte, principalement parce que d'autres départements de la société ont assumé pendant des siècles le contrôle public. et la promotion des vertus.

Beaucoup d'entre vous s'opposent à un éventail plus large de responsabilités gouvernementales, le qualifiant de paternalisme répréhensible. Certains d'entre vous ignorent qu'il ne peut y avoir de paternalisme dans une république. Un tel système est une coopération pure et simple, et ni le bien ni le mal ne peuvent exister de façon permanente sans le consentement de l'ensemble. Plus vous vous rapprochez d'une coopération complète, plus votre gouvernement devient parfait. Les plus grands vices d'une mauvaise gouvernance parmi vous consistent à accorder la préséance à un intérêt sur d'autres, cet intérêt étant dans la plupart des cas un intérêt capitaliste, contrariant souvent le bien-être de nombreux individus. Parmi votre classe industrielle, moins d'un dixième sont des employeurs dont le poids politique a tellement dominé la majorité qu'il a exclu toute législation directe en sa faveur, et dans la mesure où ces conditions existent, le principe de coopération qui devrait être le principe la pierre angulaire de votre gouvernement n'a pas été fidèlement mise en œuvre. Une violation plus grave, et à notre avis, plus flagrante de ce principe est votre exclusion des femmes du droit de représentation au sein de votre gouvernement. Vous ne pouvez pas nier qu'ils ont des intérêts distincts à défendre. Vous constaterez à l'examen de vos rôles d'évaluation que près du cinquième de tous vos biens immobiliers et personnels leur appartient, et que la plus grande partie du solde leur appartient par des partenariats matrimoniaux avec des hommes. Seules leurs propriétés leur donnent droit au droit de suffrage, pour lequel vous n'avez d'excuse que l'usage et la coutume des siècles barbares étendus jusqu'à nos jours, et les préjugés d'une société devenue familière et aveuglée face à son injustice. Les luttes ouvrières pour une meilleure reconnaissance et l'agitation pour le droit de vote des femmes sont des mouvements évolutifs dans la pensée, et dans votre gouvernement avancé indiquent l'avènement d'une coopération plus parfaite.

L'assujettissement politique des femmes et l'assujettissement du travail, impuissant, à la loi de l'offre et de la demande, sans assistance ni attention législative, sont actuellement vos reliques les plus marquantes de la barbarie. Ils sont tous deux supportés parce que ceux qui en bénéficient n'ont jamais encore joui des privilèges qui leur sont dus. Ni l'un ni l'autre ne sont par conséquent incités à agir en leur propre nom, et lorsque ces droits leur seront acquis, ce sera plus grâce à une opinion publique éclairée que grâce à une action concertée de leur part. Il est bien connu que vos esclaves n'ont pas grand-chose à voir avec l'abolition de l'esclavage, et ce n'est donc pas un argument valable contre l'octroi de ces privilèges que les personnes qui en bénéficieront ne les réclament pas toutes ; ou que, dans le cas du droit de vote des femmes, une grande majorité de femmes sont indifférentes et quelques-unes s'y opposent.

La soumission des femmes aux hommes dans toutes les affaires politiques et commerciales de la vie a considérablement modifié les caractères des deux. Vous avez limité la vie de vos femmes à d'innombrables petits détails. Ses aspirations et ses pouvoirs ont été confinés dans ce cadre étroit. L'absorption de tout leur esprit s'est faite dans un ensemble de petites idées et d'occupations, de l'une à l'autre dans un exercice continu. Dans une telle vie, les pensées profondes et les émotions plus élevées ne sont pas encouragées. Ils ne sont que peu incités à acquérir des connaissances générales, car celles-ci ne peuvent leur être d'aucune utilité pratique, et étant très tôt impressionnés par le sentiment de leur dépendance à l'égard des hommes, leur vie est livrée à tous les petits stratagèmes visant à obtenir le pouvoir sur les hommes. les dans les domaines sensuels de la parure et de l'affichage personnels. Leur esprit, ainsi que celui des autres humains, doit être affaibli dans de telles conditions ; Pourtant, des deux sexes, leurs devoirs sont les plus sérieux et les plus déterminants dans la détermination des destinées de l'humanité. C'est leur rôle principal dans la formation des esprits, tant par l'hérédité que par la formation, et avec leurs possibilités limitées de pensée élargie, vous ne pouvez rien chercher de plus en eux que ces préjugés étroits, qui se transmettent à leur tour et qui sont si manifestes dans toute votre société. Cette étroitesse est un de vos traits les plus malheureux ; c'est presque universel parmi vous. Jusqu'à tout récemment, il n'y avait ici et là qu'un homme capable et désireux d'examiner équitablement une question qui interfère avec les croyances traditionnelles et les anciens modes de pensée. Vous n'avez aucune idée de combien cet état de choses est dû à l'horizon mental limité dans lequel vos femmes ont été enfermées. Les intellects de vos meilleurs hommes n'ont pas été multipliés et reproduits comme ils auraient dû l'être, en raison de la perte de leur force et de leurs fibres au cours du processus de reproduction, par l'intermédiaire de vos esprits féminins moyens non producteurs de pensées élevées.

Les relations barbares étendues que vos femmes entretiennent avec les hommes, bien que grandement modifiées par la civilisation, ont emporté avec elles suffisamment de sentiments et de motivations primaires pour influencer une grande majorité de vos engagements matrimoniaux, là où en vérité, on peut dire que l'attirance est sensuelles à un degré qu'on ne reconnaît pas volontiers, et cela étant de plus en plus le cas à mesure que vous descendez dans l'échelle sociale, vous trouverez ici vos femmes traversant la vie, impuissantes, soumises au brutalisme persistant qu'imposent vos coutumes et vos lois. C'est de l'animalité de ces mariages de basse vie que sont produites une grande somme de vos misères et de vos crimes. Vos hommes inférieurs n'ont que peu de respect pour ceux qui sont soumis à leur pouvoir et, dans de nombreux cas, exercent une autorité tyrannique sur leurs épouses sans défense pour satisfaire un instinct mesquin d'humanité. C'est peut-être la seule occasion dont disposent les maris brutaux toute leur vie pour commander à une personne adulte qui est tenue d'obéir par la loi, la coutume et la religion. Un assujettissement aussi dangereux d'un être humain à un autre ne peut être excusé que par la certitude que le bien-être de votre société en dépend, alors qu'en réalité cette condition est l'un des obstacles à un meilleur état social.

Durant votre période barbare, et pendant longtemps par la suite, les femmes n'ont fait aucune protestation contre leur position subalterne dans la société. Depuis des lustres, c'est à elle qu'il revient de souffrir plus que sa part des douleurs et des épreuves du ressourcement humain. On lui a appris à croire que c'était là son seul rôle dans l'économie mondiale, et les hommes l'y ont tenue par toute la force des liens ecclésiastiques et séculiers. Dans toutes vos glorieuses réalisations modernes en matière de science et de culture générale, jusqu'à récemment, elle n'était même pas une spectatrice invitée. Alors que le monde en face était en ébullition dans les mouvements de progrès, il lui a été permis seulement d'écouter et de s'émerveiller devant les applaudissements à travers les fenêtres arrière de la crèche et de la cuisine ; ne sachant pas ce que tout cela signifiait et n'ayant pas été instruits pour approuver, ni même pour comprendre, sa glorieuse portée. N'ayant jamais été habituée à réfléchir sur aucun grand sujet, elle s'est tenue à ses traditions après qu'elles aient été discréditées et niées par la connaissance de son temps, et les transmettre à l'enfance dans tout leur ancien mélange d'erreurs a contribué à maintenir vivants ces préjugés. parmi vous qui ont si sérieusement bloqué votre avancement. C'est une des pénalités que vous avez payées pour votre sujétion des femmes. Les traditions auxquelles elle s'accroche avec tant de défi ne seront jamais persuadées de les abandonner dans sa condition de dépendance actuelle. On peut dire en son honneur qu'ils sont poursuivis à tort comme étant la seule grande méthode à sa portée pour satisfaire son souci du bien-être humain. Vous devez lui confier de nouveaux devoirs et susciter de nouvelles ambitions, avant de pouvoir espérer qu'elle prenne la place qui lui revient aux côtés de l'homme dans la marche du progrès. Ce n'est qu'au cours des deux ou trois dernières générations qu'une lueur de lumière extérieure a pénétré son cercle de retraités, et sous cette révélation, elle réclame déjà dans certains milieux ses droits. Elle commence à comprendre que la procréation n'est pas le but principal de la vie, mais seulement l'un de ses accessoires ; que ses processus, du début à la fin, sont guidés exclusivement par les instincts animaux, parmi lesquels les hommes l'ont contrainte à sacrifier les meilleures parties de sa vie ; que, bien que la nature lui ait imposé la plus grande part dans ces processus et dans toutes leurs souffrances, elle lui a également conféré des capacités qui sont clairement conçues pour des postes plus élevés que de simples éleveurs d'hommes et gratifiants de leurs plaisirs animaux, si indûment stimulés sur la terre comme l'attraction non intellectuelle et principale des sexes. Vous n'avez peut-être pas idée à quel point cette impulsion sexuelle imprudente vers le mariage, non restreinte par vos lois et encouragée par votre religion, a gonflé vos rangs de pauvreté, de crime et d'imbécillité. Vos femmes, dans leur dépendance et leur sujétion, n'ont qu'une seule source de pouvoir à leur service, et elles l'ont utilisée pour tout ce qu'elle valait. En conséquence, même à l'époque actuelle de votre civilisation, les qualités d'esprit ne font pas plus de différence face à l'animalisme voluptueux de la personne lorsqu'il s'agit de trouver un mari qu'à l'époque barbare.

C'est la chose la plus rare parmi vous de trouver un mari et une femme intellectuellement unis, qualifiés par une éducation et des opportunités égales pour être en parfait accord et en sympathie dans la poursuite de buts élevés. Parmi vos cercles supérieurs, on trouve occasionnellement un de ces mariages agréables , les conditions les plus heureuses de l'existence matrimoniale, où, par une bonne éducation et une bonne culture, un homme ignore tacitement sa supériorité sous vos injustes usages ; mais bien que la femme puisse sympathiser avec l'ambition et les desseins de son mari dans ses travaux intellectuels , elle est rarement en mesure de l'aider en raison des différences d'éducation. Chez nous, la femme a plus que des encouragements à offrir. Son esprit devient une partie de celui de son mari et augmente ses capacités. Bon nombre de nos plus grandes réalisations en matière de travail cérébral sont le résultat d'une telle collaboration entre deux esprits travaillant comme un seul. Les rares cas cités parmi vous ne se rencontrent que dans vos cercles cultivés, au-dessous de ceux-ci, à tous les degrés jusqu'au fond, l'égalité mentale des femmes est plus souvent une source de discorde que de bonheur, et vous devez vous attendre à voir cet état malheureux s'accroître jusqu'à ce que vous leur ont accordé la place qui leur revient dans la société. Tant que leur soumission aux hommes était sans espoir et que leurs supérieurs théologiques leur enseignaient à obéir à leurs maris et aux mêmes conseillers, leur séparation niée ou découragée, elles se soumettaient docilement aux abus et à la souffrance parce que sans espoir de soulagement ; mais comme il vous devient de plus en plus évident que la sujétion de vos femmes est l'une des nombreuses erreurs anciennes, leur disparition progressive ouvre la voie à la liberté de la femme.

La nature a prévu que les femmes ne consacrent qu'une partie de leur vie à la maternité et aux devoirs qui en découlent. Cela l'a libérée d'eux à une époque où son esprit et son corps sont pleinement capables de la plupart des occupations de la vie. Ayant rendu ces grands services à l'humanité, vous avez ordonné par la coutume et l'usage qu'elle reste désormais une simple surnuméraire inconsidérée sur la scène du monde. Dans vos cercles inférieurs, elle devient une corvée impuissante dans l'intérêt de ses enfants, et dans les cercles supérieurs, soit une servante indésirable dans la maison d'une fille, soit un membre plus ou moins contraint dans la famille d'un fils ; mais dans tout cela, son sort est heureux en comparaison de sa totale désolation dans le monde lorsque ses enfants l'ont quittée par l'immigration ou par la mort. Vous ne lui avez donné aucune part aux grandes affaires, et elle n'en a que peu de connaissance et peu d'intérêt pour elles. Ils ne lui procurent aucun divertissement au milieu de sa solitude, et grâce à l'entraînement étroit de ses facultés, détournées seulement par les choses mineures de la vie, ses épisodes personnels et ses incidents de commérages, elle vit le reste de sa carrière sans but. Ce simple manque d'expansion mentale a été cité contre elle comme une faiblesse sexuelle, mais il est raisonnable de prédire que si les hommes avaient été soumis à de telles conditions, sans ses profondes sympathies humaines et sa religion, ils seraient tombés dans une imbécillité mentale totale. et si les hommes, pendant tous les siècles passés, avaient été confinés comme elle à des tâches n'exigeant pas de connaissances élevées, l'équilibre actuel du travail mental ne pourrait pas être démontré en leur faveur.

Chez nous, la maternité n'a pas le droit d'absorber toute la vie d'une femme. Tandis que nous lui accordons, en considération de ses responsabilités et de ses peines, une exemption de toutes les occupations physiquement épuisantes, elle est encouragée dans toutes les autres auxquelles ses capacités sont adaptées ; par conséquent, chez nous, elle est en concurrence ouverte avec les hommes dans de nombreux secteurs d'activité, dont certains lui sont entièrement confiés d'un commun accord. En multipliant ainsi ses opportunités, elle n'est pas, comme chez vous dans la plupart des cas, impuissante et dépendante. Elle se déplace parmi les hommes comme leurs égales, discutant de questions d'affaires et de questions de politique publique comme l'un d'eux. Elle les rejoint dans les sports de plein air et l'athlétisme, dans lesquels elle excelle souvent, et ces relations que les sexes entretiennent entre eux, si différentes des vôtres, changent entièrement leurs lignes d'attraction. En s'associant plus étroitement avec nous, il devient possible aux hommes et aux femmes de se comprendre pleinement. Ils n'évoluent pas dans deux mondes séparés comme c'est le cas pour vous, dissimulant astucieusement leurs caractères et leurs sentiments les uns des autres, s'habillant différemment selon les occasions de tromperie. Les hommes choisissent avec nous des compagnes matrimoniales comme ils choisissent des amis entre eux, la sympathie des sentiments et la sincérité étant les principaux motifs d'attraction. C'est seulement le mensonge général de votre société, transposé dans le mariage, qui la rend dans de nombreux cas malheureuse. Vous avez tellement inculqué les arts de la tromperie et du mensonge dans vos vies qu'ils en sont finalement venus à être ouvertement poursuivis comme méthodes légitimes d'économie. On ne pourrait trouver une meilleure indication du manque de sincérité de votre société que ce journal métropolitain sur votre table. Voici un éditorial fort louant la vérité, un autre une homélie bien écrite sur l'honnêteté, et sur les pages de liaison, autorisées par les mêmes mains, des centaines de publicités dans toutes les nuances de tromperie pour surprendre les imprudents. Avec la décadence progressive de la force comme moyen de s'attaquer les uns aux autres, vous avez tellement cultivé le mensonge pour le remplacer que la vie de chaque individu parmi vous est constamment surveillée pour protéger ses intérêts. L'hypocrisie dans la religion et la tromperie dans le mariage font partie des vices qui déshonorent actuellement votre civilisation, et dont vos femmes souffriront toujours le plus tant que vous les maintiendrez exclues d'une libre communication dans les affaires du monde.

La différence dans notre traitement des femmes a modifié très sensiblement leurs points d'attraction. Bien que nous ne puissions voir aucune beauté chez une femme sans illumination, et que nous ne puissions trouver aucune compagnie complète en elle sans sa connaissance de notre monde et de ses affaires, vous ne prenez pas vraiment en compte ces qualités. L'idée d'une aptitude à vivre ensemble, d'égal à égal en tout, n'est envisagée, ni par l'un ni par l'autre d'entre vous, dans ces contrats de vie sérieux. Vos femmes soumettent leur dépendance comme une vertu, et elle est acceptée, ainsi que leur douceur, si souvent supposée, comme une offre flatteuse à la vanité du pouvoir des hommes. Il y a rarement un mariage parmi vous sans la satisfaction cachée d'un homme de sa nouvelle entrée dans l'autorité. Tout développement ultérieur de l'individualité ou de l'indépendance de caractère chez les femmes doit aboutir à la discorde. Nous nous rencontrons, dans de tels contrats, sur le terrain commun de l'égalité. Il n'y a pas de droits politiques ou nationaux dont tous deux ne jouissent pas également ; par conséquent, les femmes ne sont pas tentées de se livrer à des flatteries ou à des tromperies pour les conquêtes des hommes. En raison de leur indépendance et de leur serviabilité, la demande en mariage n'est jamais acceptée comme une opportunité extrême, les conduisant à prendre des risques désespérés, dans des conditions qui ne promettent pas le bonheur. C'est ce que vous leur avez forcé à faire, en leur fermant toutes les autres portes.

Vous soupçonnez peut-être que l'admission des femmes parmi nous, dans les affaires et dans le gouvernement, les a grossies et leur a donné un caractère de ce que vous appelez la masculinité. Ce n'est pas le cas. Leur amabilité, au lieu de se perdre, se transmet et se multiplie dans nos méthodes commerciales. Tous les hommes, parmi les nations civilisées de la terre, sont adoucis par la compagnie des femmes. En dehors de vos régions de dégradation, cela a toujours été le cas, et vous en avez déjà la preuve dans les cas parmi vous où les femmes se sont mêlées aux affaires extérieures au foyer. Lorsque, par une intelligence supérieure et une force de caractère, elles ont réussi à se frayer un chemin vers le succès et la gloire parmi les hommes, elles ont emporté avec elles, dans tous les cas, cette douce féminité dont elles sont naturellement dotées. Vos craintes souvent exprimées de les durcir, ou dans certains cas de les léser, par l'admission à l'égalité des droits, ne sont pas tout à fait sincères. Pour rester en bons termes avec eux et conserver leur approbation, vous avez été amené à leur cacher beaucoup de vos douteuses méthodes commerciales et politiques, et vous hésitez à les admettre dans ces domaines avec vous, non plus par crainte de leur réaction. contamination, que la révélation qu'elle entraînerait de voies que vous avez jusqu'ici si soigneusement cachées. Il y a parmi vous beaucoup d'hommes politiques ou d'hommes d'affaires à succès qui se présentent devant sa femme et ses amies comme des héros de la finance ou de l'art politique, mais qui ne pourraient pas le faire, s'ils partageaient avec lui la connaissance des incidents et des manipulations qui ont amené sur sa réussite. La déférence envers les femmes et le respect de leur estime au-delà de celle des hommes sont un attribut humain apparent dans toute votre histoire. Cela a été l'inspiration de votre meilleure poésie et de votre romance la plus émouvante. Au moyen-âge , sous ce que vous appelez la chevalerie, elle vous a conduit à des actes de vertu en défendant le droit, bien au-delà de l'oppression dominante. Dans quelle mesure la conduite des hommes est modifiée et leurs mauvaises tendances réprimées par le respect de la bonne opinion des femmes, chacun peut le juger en s'examinant lui-même. Dans combien de moments dangereux la tentation a-t-elle été écartée, par la crainte d'un mauvais rapport envers une épouse, une mère, une sœur, une fille ou une amie aimante, alors que sacrifier la bonne opinion des hommes seuls n'aurait pas été un obstacle ?

Par notre plus grande attention aux lois de la santé et par nos restrictions gouvernementales sur les mariages malsains, que je vous décrirai plus loin, nous avons développé chez les femmes un niveau de perfection physique bien plus élevé que celui qui existe chez vous. En relation avec cela, il existe d'autres avantages dont nos femmes bénéficient, outre les vôtres, et qui améliorent considérablement leur attrait personnel et leur beauté. Leurs chances égales en matière d'éducation dans notre système, dont ils ne tardent pas à profiter, l'espoir et le manque d'austérité de notre religion, et l'intérêt qu'ils sont amenés à manifester pour les grandes affaires, sont si marqués dans leur attitude et leur physionomie qu'ils en font des êtres très différents. Comme nous estimons la beauté, vous n'avez ici et là que des femmes qui se comparent à elles. Parmi votre masse de femmes, l' expression faciale de leur longue sujétion et les conditions qui l'accompagnent nous sont frappantes. Des traits, aussi parfaitement dessinés soient-ils, sans la lumière de la culture et de la connaissance, et qui sont destinés à devenir, dans l'association conjugale, assombris par les soucis d'une maternité surmenée et abattus par une religion menaçante et superstitieuse, n'auraient aucun charme à n'importe quel membre de notre société. Chez nous, leurs visages reflètent la conscience de l'égalité absolue, et sont illuminés par les devoirs religieux quotidiens, qui consistent, conformément à notre croyance, à rendre agréables les modes de vie et ses chemins apaisés, et à aider en toutes choses vers le bien. l'amélioration de nous-mêmes et de la société, processus dans lequel notre religion doit contribuer et dans l'accomplissement duquel ils travaillent avec nous sur un pied d'égalité.

CHAPITRE XIII.

VOUS avez dû vous douter avant cela qu'en ce qui concerne l'accumulation rapide des richesses, notre société se trouvait dans cet état stationnaire tant redouté par vos économistes comme la fin de tout progrès matériel. L'hypothèse parmi vos penseurs, selon laquelle toute diminution permanente de la production de richesse est le signe avant-coureur d'un désastre pour la société, est une de ces erreurs facilement explicables par l'environnement de votre stade actuel de développement. Votre expérience vous enseigne que là où les énergies productrices de richesse sont au stade d'action le plus élevé, votre civilisation montre que toutes ses autres forces progressent également ; et là où, d'un autre côté, le capital et la richesse sont restreints, il y a un état de stagnation générale. Cependant, vous constaterez que ces conditions opposées sont, plus que toute autre chose, le résultat de différences dans les degrés d'intelligence, de connaissances et, par conséquent, d'ambition. Vos objectifs, même les plus élevés, sont si indissolublement liés à la richesse en tant que moyen par lequel la plupart d'entre eux sont promus, que vos incitations à acquérir des richesses sont devenues une partie de votre constitution intellectuelle. Lorsque la sanction d'une situation financière redressée est la perte de tout ce qui rend la vie désirable, voire le refus des opportunités d'association avec la classe supérieure, et l'abandon de la progéniture à la dégradation et au mépris qui découlent d'une connaissance limitée, il peut raisonnablement être on peut s'attendre à ce que la lutte pour la richesse soit acharnée. Les innombrables possibilités de gain qui sont partout ouvertes pour l'investissement du capital, ainsi que les profits remarquables qui s'accumulent pour entretenir l'esprit d'aventure lucrative, constituent également un stimulant. Vous conviendrez certainement avec moi que le fait de s'écraser, de se donner des coups de coude et de se marcher sur les pieds pour tenter d'obtenir de l'argent n'est pas la meilleure forme ou le meilleur type de société possible : d'autant plus que vous n'êtes pas tous équitablement et équitablement équipés dans cette lutte, la masse de votre peuple n'en tire aucun bénéfice, et son résultat est seulement de doubler les revenus d'une minorité.

La stagnation n'est pas nécessairement une condition de l'état stationnaire, comme nombre de vos écrivains vous le font croire. Il s'agit simplement d'une révolution dans les objectifs de la société, provoquée par des changements inévitables et que votre civilisation est amenée à atteindre tôt ou tard. Chaque science et invention nouvellement appliquées, et surtout chaque arpent de terre mis en culture, rendent plus éloignée cette période que vous redoutez tant ; mais vous y arriverez quand même. Ce sera simplement une utilisation de toutes les ressources du capital pour se multiplier RAPIDEMENT. Au cours de votre période progressive actuelle, dans la mesure où ce terme s'applique à l'accumulation rapide de richesses, votre société nous présente un aspect d'abandon mercenaire au-delà de tout ce que nous avons jamais connu nous-mêmes, et en pleine connaissance de la fin qui viendra . nous attendons avec beaucoup d'intérêt le moment où vous arriverez à l'état stationnaire.

A mesure que l'on approche de cette période où la diminution des profits du capital découragera la grande activité et l'agressivité qui le caractérisent aujourd'hui, de très grands changements se produiront graduellement. En supposant que le travail continue à s'éclairer, il modifiera lentement ses relations avec le capital, de sorte qu'à la fin, au lieu d'être en bas, comme c'est le cas aujourd'hui, il sera au sommet, comme chez nous. Beaucoup des moyens par lesquels la richesse se multiplie aujourd'hui seront fermés, et comme son acquisition n'est plus indispensable aux honneurs de la vie, et les difficultés de son acquisition en grande quantité se sont accrues, la société ne sera plus aussi intensément donnée à ses individus. accumulation. Vos activités intellectuelles seront davantage orientées vers d'autres motivations. Réparer les déchets et subvenir aux besoins de la vie sera à peu près tout ce qui vous restera pour employer vos industries, et il y aura suffisamment de choses à faire dans ces limites pour que le capital s'agrandisse modérément ; tandis que, dans ce champ restreint, une richesse limitée sera capable de se procurer un revenu suffisant pour soutenir et récompenser les habitudes d'épargne prudente. Bien qu'il soit extrêmement difficile d'obtenir de grandes richesses, une juste compétence sera à la portée de tous ; car le travail qui viendra au premier plan, en raison de la puissance affaiblie de la richesse, prendra la place qui lui revient dans les forces de l'économie et de la législation, et exigera et recevra une part plus équitable des profits de l'industrie.

Après le progrès de la civilisation et des connaissances au-delà d'une certaine période, les ambitions et les nécessités d'un peuple fourniront de nombreuses incitations pour maintenir la société dans un état d'activité. Les énergies de la vie sont stimulées, non pas tant par les grandes récompenses occasionnelles qui reviennent à quelques-uns, comme les prix d'une loterie, que par la rémunération régulière et certaine du produit de chaque action quotidienne pour tous. La capacité d'obtenir de l'industrie une marge considérable au-delà des dépenses quotidiennes de la vie est suffisante pour maintenir en vie les énergies mentales et physiques, et est certaine de provoquer cet état général d'espoir qui, plus que toute autre chose, favorise l'économie et stimule l'ambition.

Il peut être quelque peu en contradiction avec vos vues sur l'économie politique de croire que toute réduction du pouvoir et de la valeur du capital ne déprimera pas dans une mesure correspondante le travail. Vous devez cependant garder à l'esprit que l'État stationnaire, tel qu'illustré par notre société, diffère de votre état progressif, non pas par une moindre abondance de capital, mais par sa meilleure diffusion, des relations plus dépendantes et des profits comparatifs plus faibles. Il s'ensuit naturellement que pour réaliser cette condition de vie connue sous le nom de compétence, il faut posséder une plus grande quantité de produits du travail que pour vous. Mais grâce à un arrangement bien déterminé en faveur de ceux qui travaillent, par lequel une juste marge est assurée entre les revenus et les dépenses, l'indépendance tant convoitée est toujours à portée de main.

Dans notre système, le capital se diffusant parmi les masses en portions relativement petites, et n'ayant pas d'usages aussi extraordinaires ni de taux d'intérêt aussi élevés que chez vous, il prend sa place naturelle comme complément à toutes les entreprises de travail. Toutes nos usines sont donc exploitées en coopération. Il n'existe rien de tel sur notre planète que le propriétaire d'un établissement manufacturier fasse baisser, à sa guise et à son gré, le salaire de peut-être toute une communauté de travailleurs. Lorsqu'un établissement est nécessaire à la fabrication d'un produit demandé, nos ouvriers s'en chargent comme une affaire qui leur appartient entièrement, et les moyens ne manquent jamais parmi eux pour le faire.

La condition d'impuissance totale de vos ouvriers, en tant que classe, n'est pas entièrement due à leur faible part forcée aux bénéfices de l'industrie. Celui d'entre eux, par une plus grande abstinence ou autrement, parvient à épargner une partie considérable de ses gains, s'empresse soit de changer sa situation pour celle d'employeur, lorsque l'intérêt personnel l'incline à privilégier les bas salaires, soit de chercher parmi les plus grands encouragements extérieurs. un changement de métier. Par ce processus, le capital et le travail sont constamment séparés, et les rangs de vos ouvriers ne contiennent plus que ceux que les nécessités les retiennent.

Dans l'état actuel des choses, accorder au travail tous les émoluments de l'industrie, cela devient la poursuite la plus avantageuse de la vie. Avec un salaire d'une somme uniforme et fixe, à partir de laquelle il ne peut y avoir de déviation que d'augmenter, l'ouvrier se met à épargner son excédent, jusqu'à ce que, dans un délai raisonnable, il puisse être amené à rendre service en ajoutant aux fruits de son travail. son labeur.

Dans notre société, il n'y a aucune possibilité et personne n'espère gagner de l'argent par hasard. Nous considérons que le fait d'obtenir des richesses sans industrie est un mal démoralisant. La qualité d'esprit que vous honorez sous le nom d'astuce, et qui hésite rarement à profiter des pertes et même des misères d'autrui, verrait la vie un fardeau à cause de l'odieux qui s'y rattache, dans n'importe quelle communauté de notre planète. Le privilège de constituer une fortune individuelle, en puisant dans la substance du peuple tout entier dans toute mesure illimitée qu'une ingéniosité sans scrupules peut imaginer, est l'une des particularités de votre civilisation. C'est à cette licence générale, avec ses très petites limites, qu'il faut attribuer la plupart de vos misères sociales. Les leçons présentées à votre jeunesse dès le premier coup d'œil sur les affaires de la vie sont de nature à lui faire croire que le succès n'est pas tant l'affaire des forts et des prévenants que des personnes prudentes et rusées ; et que la création de richesse est de la moindre importance, en comparaison des nombreux arts et projets réussis visant à la capturer après sa production. On voit partout parmi vous l'exemple de gagner de l'argent sans perte d'honneur ni de respect, en tirant sur autrui, en profitant de ses nécessités, des portions excessives et injustes de sa substance pour une sorte de service rendu. La conséquence est que la vie avec vous est constamment renouvelée, d'une part, par des personnes possédant un capital plus ou moins hérité, qui sont éduquées dans la croyance que l'existence est un jeu, dont les exemples gagnants sont les meilleurs guides à suivre ; et de l'autre par la grande masse des travailleurs héréditaires qui se soumettent en victimes sous la force de la nécessité et de l'usage. Cet état de votre civilisation met en jeu nombre de vos sentiments inférieurs, en tant qu'instruments indispensables au succès. Quand l'égoïsme est le principal promoteur de l'épargne, la charité pratique n'est éveillée que par une provocation inhabituelle. Les misères de l'existence sont invisibles et insensibles aux autres que ceux qui souffrent eux-mêmes parmi vous, tout comme vos sens deviennent inconscients de la présence d'influences perturbatrices qu'il ne vous semble pas utile de supprimer. La nécessité pour chacun de prendre soin de lui-même dans vos féroces batailles de la vie le rend indifférent aux autres. Pourtant, la bienveillance habite dans tous vos cœurs comme un attribut divin qui ne peut être entièrement détruit, même si sa culture est négligée. Comme la germination retardée d'une graine dans un sol trop profond, elle se manifeste parmi vous ici et là, dans des conditions favorables, avec une fréquence croissante qui révèle votre destinée aussi infailliblement que l'horizon doré présage l'arrivée du soleil.

La différence dans le degré selon lequel chaque individu détient le bien commun par rapport au sien propre marque le degré de progrès vers la perfection dans la société. Vous détenez en vous, par une disposition divine, les éléments nécessaires à cet effet. Votre histoire regorge d'exemples prouvant que le sacrifice de soi est un acte qui inspire plus d'éloges que tout autre. Toutes vos organisations mentales normales sont dotées d'une propension à profiter aux autres, que seules les conditions de votre société circonscrivent par un conflit d'intérêts. Ce qui est maintenant dans vos facultés supérieures, au cours de votre développement actuel, un plaisir, deviendra une passion par de nouveaux progrès et cultivation, et, par une poursuite encore plus étendue, une nécessité pour la tranquillité et la jouissance de votre vie. L'amour filial et parental issu de simples instincts est devenu parmi vous la plus gratifiante des inclinations. L'affinité sexuelle, de son origine de désir brutal, s'est transformée, dans vos cercles supérieurs, en un sentiment pur et tendre de regard désintéressé. Il n'y a pas si longtemps, vos fous étaient enchaînés à des pieux comme des bêtes. Vos infectés ont été laissés mourir sur le bord des routes. Vos infirmes étaient cachés, consumés par la vermine parmi leurs haillons. Vous hébergez, habillez et prenez soin de tout cela maintenant avec presque la sollicitude que les parents accordent à leurs enfants. Si vous deviez vous soumettre maintenant pendant un certain temps à la présence de ces vieilles inhumanités et observer leurs effets perturbateurs sur le bonheur de votre vie, ce serait une juste mesure de votre progrès vers l'état stationnaire.

En supposant que vous fassiez partie d'un public réuni dans le but de tirer du plaisir d'une représentation sur scène, votre plaisir dépendrait, dans une large mesure, des manifestations d'approbation qui vous entourent. Toute expression d'insatisfaction gâcherait votre plaisir, quel que soit le motif sur lequel il se fonde. Cela peut résulter, par exemple, d'occasions injustes de voir ou du privilège usurpé de certains d'obstruer la vision des autres. Vos inclinations, ne provenant d'aucun motif plus élevé que l'intérêt personnel , vous amèneraient à contribuer à réaliser cet état de satisfaction générale qui est indispensable à votre propre confort et à votre bonheur. Ceci illustre l'un des motifs qui, à notre stade de développement, nous poussent à faire en sorte que, dans la mesure du possible, chaque individu jouisse de privilèges égaux dans la société. Le bonheur n'est tout simplement pas possible sans lui.

Vos moralistes pourraient soutenir que le fait d'éprouver une sympathie étroite et intime pour les malheurs des autres nous maintiendrait constamment malheureux au point de rendre la vie insupportable. Pour répondre à cela, il vous suffit de considérer que si vous séparez de tous vos maux ceux qui vous sont directement ou de loin causés par votre état social imparfait, il n'en reste que peu, outre la mort et les douleurs qui l'accompagnent. Et parmi ces quelques-uns entièrement compris sous la rubrique des maladies et des accidents, il est possible qu'ils soient encore plus diminués par de meilleurs modes de vie.

Que vous avancez lentement et progressivement vers la condition stationnaire, cela est prouvé par des preuves indubitables. Des indications matérielles et spirituelles confirment cette croyance. Vous pouvez facilement constater que la richesse, entre les mains de quelques-uns, perd ses possibilités d'augmentation rapide. Dans vos régions les plus avancées, elle a déjà exploité ses ressources au point de s'efforcer de trouver à l'étranger des occasions d'utilisation rentable. Sans le monopole de la terre, qui lui permet de tirer de l'industrie pour ses services une somme sans commune mesure avec sa valeur ailleurs, il aurait été beaucoup plus avancé vers l'État stationnaire.

L'un des plus grands obstacles qui s'opposent à votre approche vers la société parfaite est votre propension à théoriser et à spéculer sur des sujets qu'il ne vous est pas donné de connaître. Nous avons un dicton qui dit que celui qui met les pieds en l'air est perdu. Nous entendons par là transmettre l'idée que toute spéculation non fondée sur une connaissance positive est si absolument sans valeur que toute indulgence en la matière est inutile à la société. L'opinion est incontestée parmi nous, selon laquelle les habitants de la Terre sont trop enclins à mettre les pieds dans les airs. Et pourtant la facilité même avec laquelle ce malheur s'accomplit parmi vous est une preuve de votre bonté. Votre inclination à la vertu est le côté faible de votre approche, et toute votre charité inhérente et intuitive, qui aurait pu s'exercer sur vous-mêmes pendant tous ces siècles, a été dans une large mesure gaspillée dans vos projets de salut, dans lesquels vous n'avez aucune assurance. tout sauf les folles promesses de l'imagination. Lorsque vous comprendrez pleinement que le bonheur, la vraie prospérité, la vertu et même la beauté ne sont que des synonymes de vérité, et que la misère, le crime, le malheur et la laideur ne sont que d'autres noms pour le mensonge, vous n'aurez plus aucune crainte ni hésitation à le faire. recherchez cette vérité qui détruit les vieilles croyances, même si cette recherche fait fondre dans l'air vos traditions les plus chères. On comprend au bout d'un moment qu'une vérité ne peut diffuser que du bien ; et qu'un mensonge, aussi vénérable avec l'âge ou respectable par adoption, ne peut engendrer rien d'autre que le mal. Vos croyances vous ont attirés et ont pénétré profondément dans vos affections, parce qu'en elles sont recueillis en vous les sentiments divins de bonté, dont ils sont tous revêtus d'un prétendu monopole. Vos vertus sont mises en service dans leurs limites étroites, et vos énergies et votre substance sont consommées dans le travail d'élargissement de leur influence, tandis que le matériel le plus fructueux pour vos œuvres caritatives est négligé dans les maux et les misères de votre société.

La Terre est votre domination. Marchez fermement dessus. N'oubliez pas qu'il a été confié à votre garde et que votre peuple est entièrement responsable de sa condition sociale. Celui qui aide à améliorer cela sert mieux la Divinité que celui qui passe sa vie en génuflexions et en prières. Quand vous regardez autour de vous parmi les misérables criminels parmi vous, punis et impunis, et les enfants pauvres, et les enfants négligés aux yeux tristes ; Si vous voyez les tentations du mal non réprimées, la vertu non reconnue et les opportunités inégales d'avancement individuel, vous devez garder à l'esprit que tout cela ne sont que des preuves de la violation de la confiance que l'intelligence divine vous impose. Il n'y a peut-être aucun spectacle sur Terre qui inspire plus de pitié aux habitants de Mars que le gaspillage constant de vos meilleurs éléments en vous soumettant aux impositions de vos voyants, qui vous éloignent de vos devoirs, sous la théorie selon laquelle la Terre n'est qu'un champ de bataille et un champ de conquête pour la perpétuation de leurs doctrines, tout le reste n'étant que de vaines vanités. Ils vous ont éloigné des véritables affaires de votre vie et vous ont hypnotisé, vous terrifiant et vous ravissant tour à tour par des imaginations irréelles ; vous présentant tantôt un paradis, tantôt un cauchemar. Ils vous ont enveloppé dans une ombre perpétuelle, vous décourageant de tout espoir de luminosité jusqu'à votre naissance céleste. En n'exhibant que vos parties les plus grossières et en menaçant la vengeance d'un dieu austère et capricieux de leur propre création imaginaire, ils vous dégradent et dévalorisent vos conceptions de la Divinité. Vous pourriez courber votre visage vers le haut avec une meilleure sincérité, si, au lieu de suivre des fantômes pendant tous ces siècles, les pieds en l'air, vous pouviez montrer une interprétation plus vraie du dessein divin en établissant une demeure commune plus heureuse et plus parfaite.

CHAPITRE XIV.

JE RÉSIDE dans une ville de Mars qui, en termes de population et de grandeur, est l'une des premières de notre planète. Conformément à notre habitude de désigner de tels lieux par des noms de qualité, elle serait connue dans votre langue sous le nom de ville de la Bonne Volonté. Comme c'est le type de tous les autres, vous êtes déjà informé de quelques-unes de ses caractéristiques générales. Je vais cependant vous donner une description plus complète de notre société et de nos environs, seulement de la manière hâtive et imparfaite que cette opportunité nous offre.

Avec à peu près les mêmes sentiments et les mêmes inclinations que les vôtres, et avec cet amour et cette culture du beau que nous avons poursuivis comme élément de notre religion, sans être interrompus comme chez vous par ces illusions qui détruisent l'art, nous avons avancé bien au-delà de vous dans cette direction. .

Il convient de noter, comme une coïncidence prouvant l'unité de toute intelligence au sein de l'univers, que nous avons conçu une architecture qui n'est pas sans rappeler celle de votre Grèce antique. Nos extérieurs isolés, tels que villas et demeures de campagne, ressemblent beaucoup à certains de vos styles anciens. Dans nos villes, nous avons été obligés de nous conformer aux conditions de la navigation aérienne, qui ont considérablement restreint notre ornementation élevée et nous ont imposé un système de courbes au lieu d'angles dans nos projections.

L'une des différences les plus notables entre votre construction et la nôtre réside dans le matériau et la forme de nos toits, qui sont uniformément en verre massif et en forme de dôme. La substance est appliquée à l'état plastique, durcit en peu de temps, est purement transparente et aussi difficile à briser que la pierre. L'étage supérieur de chaque maison devient ainsi la principale source de lumière pour son intérieur, et des rideaux horizontaux ingénieusement formés peuvent être obscurcis à volonté. Nous croyons que c'est là l'une des dispositions sanitaires les plus importantes que nous possédons, et à laquelle peuvent être principalement attribuées la santé et la vigueur de notre corps. Dans ces appartements supérieurs lumineux , nous nous baignons au soleil et profitons de la floraison et du parfum constants des fleurs.

Par une adaptation naturelle, ces verrières sont devenues indissociables de notre vie religieuse. Notre intérêt pour les merveilleuses expositions nocturnes qu'ils permettent est accru par la connaissance générale que nous avons cultivée du caractère et des mouvements des corps célestes. En conséquence, rares sont ceux parmi nous qui sont incapables de décrire les trajectoires et les directions des planètes ; et on peut affirmer sans se tromper qu'une majorité de notre peuple peut calculer les périodes d'opposition et de conjonction entre elles. Aucune autre exposition ne nourrit et ne stimule autant nos impulsions religieuses que la grande démonstration de la puissance divine dans les mouvements incessants des sphères. Nous apportons le spectacle au sein de nos foyers et vivons avec lui. C'est l'autel sur lequel nous adorons les grands invisibles.

Chaque bloc de bâtiments est surmonté d'un toit unique du caractère transparent que j'ai décrit. De cette façon, nous avons utilisé tout l'espace à des fins d'habitation ou d'affaires, et avons évité ces arrière-cours disgracieuses qui défigurent les villes de la Terre et dégradent leur état sanitaire. Habituellement, il n'y a pas de cloisons de séparation sauf dans les étages inférieurs, et ces appartements supérieurs élevés, surtout s'ils se trouvent au-dessus d'habitations, ont leurs toits en forme de dôme aplati soutenus par une série de colonnes et d'arcs artistiquement travaillés et décorés, et leurs intérieurs ornés de fleurs en croissance. et statuaire, de manière à meubler un lieu de villégiature charmant, proche du quartier et ouvert à tous.

Ces vastes salles sont une nécessité pour le caractère social de notre peuple. Vous pouvez imaginer comment des relations sexuelles basées sur une égalité parfaite et avec l'idée primordiale d'obtenir du plaisir en l'accordant verraient leurs jouissances élargies par le nombre illimité et non sélectionné de participants. La musique et la danse sont chez nous des délices au-delà de votre expérience. Nous bénéficions des avantages des conditions atmosphériques et d'un degré de force gravitationnelle particulièrement adapté pour accroître ces jouissances. Nos tons de voix, rarement sans culture, acquièrent dans notre atmosphère une énergie et un éclat qui vous sont inconnus. Chez nous, une combinaison de voix entraînées est tellement supérieure à la musique instrumentale que cette dernière n'est connue que comme une nouveauté. Puisque la force de gravité est moindre chez nous, nos corps sont beaucoup plus légers que le vôtre et nos mouvements sont par conséquent plus aériens et plus gracieux. Dans des mouvements comme la danse, on dépense moins d'énergie musculaire et on obtient un plus grand plaisir.

Sous ces vastes dômes transparents, face à l'univers des planètes et des étoiles, nous dansons et chantons nos hymnes de louange à la Divinité, sans rien demander, mais unissant nos voix aux rythmes de la poésie et de la musique en remerciement pour les plaisirs. de la vie, et pour cette direction qui nous a éloignés des superstitions mortelles de notre planète voisine, et pour cette intelligence qui nous a amenés à trouver nos véritables devoirs religieux en exerçant nos meilleures impulsions dans nos propres champs d'action.

Au-dessus de nos quartiers d'affaires, ces étages supérieurs, moins ornés et bien aérés, servent d'usines et d'ateliers , où les rayons du soleil, moins intenses que chez vous, en raison de notre plus grande distance, entrent pour égayer les heures. de ceux qui travaillent dur. Parmi ces sites industriels, il y a des conditions qui pourraient vous surprendre. Il y a l'indispensable antichambre à côté de l'entrée de chacune, où, profitant du mobilier confortable, se trouvent un certain nombre d'ouvriers attendant le début du quart de travail de trois heures. Ils sont tous d'une familiarité facile, mais parmi eux peuvent se trouver le président du grand conseil, qui gère les affaires de la ville, le conférencier qui préside le temple, et d'autres dignitaires éminents mêlés à d'autres qui n'ont obtenu aucun résultat. honneurs au-delà du banc de travail. Parmi eux, la personne qui reçoit le plus de compliments est celle à qui on vient d'accorder une avance d'un grade dans l'aptitude de sa vocation. Il a atteint ce qui serait dans votre société l'équivalent des honneurs d'un diplôme collégial, avec la différence très matérielle en sa faveur, que pour les années à venir, et peut-être aussi longtemps qu'il vivra, son revenu est augmenté en permanence par un revenu accru. valeur à son travail. Aucune concurrence ne pourra jamais, sous notre système, rendre sans valeur sa réussite.

Vos degrés de savoir ne sont que de vains honneurs comparés à cette distinction profitable. Vous n'assurez aucune récompense certaine pour l'acquisition d'un savoir qui a gagné son parchemin d'approbation, et le détenteur ne jouit que du mince avantage que lui assure son certificat. Son diplôme ne lui rapporte pas de pain et les honneurs de sa carrière restent incertains, avec toutes les luttes qui l'attendent. Notre ouvrier, à chaque degré de son avancement, augmente ses revenus, sous l'assurance et la protection de nos méthodes industrielles, avec la certitude et la stabilité d'une pension gouvernementale.

Mais même si nous avons jugé sage d'honorer et de protéger les compétences manuelles, la force physique de notre peuple a depuis longtemps fait l'objet d'une attention générale. Parmi les productions de l'Auteur Suprême qu'il s'emploie à perfectionner et à embellir, la première en importance sur votre planète est sûrement l'homme lui-même, en tant qu'être animal autant que mental. Comme un corps indolent, faible et passif est généralement associé à un esprit de même caractère, ce n'est que par la culture des deux ensemble que la société s'améliore. Vous avez suffisamment de preuves du lien inséparable entre l'énergie mentale et l'énergie physique, et pourtant votre culture du corps n'a retenu que peu d'attention. Il nous semble que l'une des objections les plus sérieuses à vos abstractions religieuses est que l'esprit de chacune d'elles tend à nier ou à minimiser le grand service des tendons et des nerfs sains dans le progrès de l'amélioration sociale.

Vous constaterez une stagnation intellectuelle partout sur la Terre, où les incitations à l'action musculaire sont supprimées pour quelque cause que ce soit, et vous savez par expérience que le déclin de la vigueur mentale, par une libération de la nécessité de l'exercice corporel, a obligé les muscles à se développer. et les muscles de votre âge, à plus d'un titre, pour vous présenter au premier plan dans la gestion des affaires.

La civilisation, à un certain degré de son progrès, est censée assumer des devoirs qui jusque-là ont été fidèlement accomplis par la nature seule. En bonne mère, elle a pourvu, dans votre état primitif, contre la dégénérescence de vos corps par l'opération de sa loi universelle, la survie du plus fort. Dans votre ascension sociale, on peut raisonnablement s'attendre à ce que vous vous procuriez un substitut pour maintenir le niveau de robustesse et de force qui était autrefois maintenu par vos luttes primitives pour l'existence.

Votre connaissance des lois de l'hérédité vous a permis d'améliorer les formes et les qualités de toutes ces créatures qui ont été extraites de leurs contrées sauvages pour servir à vos besoins ; et pourtant, avec une incohérence fatale, vous livrez votre propre corps à une insouciance de procréation qui ignore totalement toutes les méthodes bien connues d'amélioration. Le spectacle est courant parmi vous, de l'éleveur habile mettant ses connaissances à rude épreuve pour remédier aux défauts de forme des animaux inférieurs en sa possession, tandis que lui et sa progéniture présentent, dans leur propre corps, sans souci ni attention, les mêmes infirmités physiques qui il avait si bien réussi à bannir ses brutes par sélection parentale.

La négligence de vos opportunités dans cette direction est plus surprenante, si l'on considère à quel point vous en souffrez ; car, bien que l'atteinte d'une perfection plus générale de forme et de force vous soit d'une valeur inestimable, car elle pose les bases d'une moyenne plus grande de puissance et d'activité mentales, cela n'est cependant pas plus important pour votre société que l'éradication facile et certaine par des accouplements judicieux . de la plus persistante et mortelle de vos maladies. Il est effroyable d'évaluer la somme de la misère humaine perpétuellement transmise de manière congénitale dans les tissus malades et les défauts fonctionnels.

Ce mal, qui a prévalu parmi vous jusqu'à ce que vos maux corporels soient presque innombrables, on vous a appris à le considérer comme un arrangement de la volonté divine, et vous vous reposez impuissants dans la croyance que le supporter sans remède est la peine de la vie ; alors qu'en fait, il est perpétué principalement par cet égoïsme individuel écrasant qui ne tient aucun compte du bien général tout en gratifiant les sentiments de plaisir ou d'avidité.

J'ai déjà attiré votre observation sur ce critère infaillible qui marque le progrès du développement social : la volonté moyenne d'attention et de sacrifice des intérêts individuels au bien commun. D'après nos réalisations dans cette direction déjà décrites, vous pouvez facilement imaginer que nous n'avons pas négligé l'opportunité d'améliorer et de bénéficier à la société par l'observation de certaines des lois de la nature les plus simples et les plus faciles à appliquer.

Nous ne sommes pas gênés comme vous le seriez par des protestations contre une atteinte à la liberté individuelle, car nous avons dépassé le stade où la loi et son application sont nécessaires. La recommandation officielle soutenue par une opinion publique unie, sans aucune sanction en cas de non-respect, sauf la condamnation générale, est notre seul recours pour diriger la conduite de notre peuple. Dans un tel système, toute violation des droits individuels est impossible. Il suffit dans notre société de déterminer qu'une mesure est pour le bien commun, pour garantir son adoption sans contestation.

En conséquence, il relève de la compétence de notre Département gouvernemental de la Santé de diriger et, dans une certaine mesure, de superviser ces engagements matrimoniaux à partir desquels nos effectifs sont si constamment reconstitués. Cette activité importante est étroitement associée à des mesures conçues par d'autres moyens pour promouvoir notre santé et on peut dire qu'elle commence dès la naissance de chaque enfant. Chaque nourrisson est soigneusement examiné par des experts médicaux et enregistré. Chaque particularité ou défaut corporel est enregistré, et des règles de gestion sont fournies, comme remèdes, si cela est jugé nécessaire. Toute personne, jeune ou vieille, est tenue périodiquement de passer un examen similaire. Le registre personnel de santé est ouvert à tous et permet de connaître l'état physique de chaque habitant. Personne ne manque de profiter d'informations qui le concernent autant. Les maladies naissantes sont dans un grand nombre de cas guéries par cette découverte de leur présence insoupçonnée, et les habitudes de vie sont souvent modifiées à temps pour conjurer quelque maladie latente, que seule la science médicale pouvait révéler à ses débuts.

Le système établit un registre public de l'état physique de chaque individu, qu'il s'agisse d'une maladie ou d'une difformité cachée ; et comme il est du devoir de notre service de santé de déclarer son jugement d'approbation dans tout contrat de mariage, nous n'avons pas de maladies transmises ni de difformités corporelles qui traversent les générations et multiplient les misères de la vie, comme vous. Nous avons depuis longtemps éradiqué par cette méthode les trois quarts des maladies nourries par les habitudes de la civilisation. Par ce moyen, nous avons obtenu une race d'hommes et de femmes si physiquement parfaits qu'ils font accepter l'existence comme un patrimoine reconnaissant. Vous avez interrogé la nature dans ses lois de développement et dans ses processus de modification tant des formes que des qualités des choses, et avec une connaissance ainsi acquise, vous avez cultivé un monde d'organismes animaux et végétaux pour votre meilleur service. Nous l'avons fait également ; mais nous avons accompli dans cette direction quelque chose d'incomparablement plus important pour nous, en avançant ensemble, en cultivant et en prenant soin de notre animal ainsi que de notre moi intellectuel.

Vous ne pouvez manquer de découvrir là un des effets de cette divergence frappante entre notre civilisation et la vôtre, due à des interprétations très différentes de la volonté divine. Nous considérons notre planète avec toutes ses dépendances comme un héritage qui a été déposé en notre possession pour cette aide à la progression si clairement la meilleure et la plus exaltée des affaires de nos vies, et si incontestablement agréable à l'Auteur Suprême que chaque degré de son accomplissement est récompensé par des signes de sa faveur. De notre croyance spirituelle mieux démontrée, nous tirons l'inspiration pour accroître et nous accorder mutuellement les meilleures choses de la vie ; tandis que vous, sous l'impulsion religieuse de la même haute source, vous condamnez à l'abstinence et à l'austérité. Vous vous méprenez tellement sur les véritables relations entre les forces spirituelles et matérielles, qu'au lieu de considérer chacune comme la pépinière et le constructeur de l'autre, vous avez conçu une théorie qui les met en antagonisme sous des influences diverses ; l'exercice de préoccupations matérielles, comme vous le supposez, tendant à vous éloigner de la divinité.

L'effet de cette vision erronée de la vie se voit clairement dans votre société et votre environnement. Votre progression matérielle, privée de l'impulsion et de l'enthousiasme religieux, et dépendant entièrement de la faculté inférieure de gain personnel, avance lentement, régresse fréquemment et n'est pas assurée d'une rechute totale sous une puissance motrice aussi mercenaire. Votre mouvement en avant, au lieu d'être compact et coopératif comme le nôtre, se poursuit par à-coups et laborieusement, dirigé seul par une influence en difficulté ici et là, sous le poids mort d'une multitude indifférente et égocentrique, et en conflit ouvert avec une multitude . de traditions perturbées.

Votre doctrine du divorce absolu des intérêts spirituels et matériels, en gaspillant vos meilleurs éléments au service de la divinité condamnatrice du monde qu'est votre imagination et en abandonnant vos affaires temporelles au seul exercice de vos sentiments et sentiments inférieurs, a répandu son désastre. effets, et peuvent être retracés dans chaque phase de votre société. De là vient ce mépris singulier les uns pour les autres dans toutes choses, sauf le spirituel, et cette appréciation perverse de la bonté, qui a relégué votre science et votre savoir avec leurs influences, ainsi que tout votre monde industriel, dans des endroits où, sans aide et sans encouragement, ils doivent élaborer leurs propres récompenses tardives et douteuses ; tandis que votre meilleur enthousiasme et votre moralité la plus active sont gaspillés parmi vos nombreux projets de salut irraisonnés.

Quoi d'autre que cette dissociation injustifiée de l'esprit et de la matière, du corps et de l'âme, de vos parties physiques et intellectuelles, considérant l'une comme le joug dégradant de l'autre au lieu de son homologue et de son collègue, a ôté tout le cœur de votre vie ? , vous a caché les possibilités morales à votre portée matérielle, et a réduit la seule existence que vous êtes jusqu'à présent appelé à améliorer en une hibernation morte et inutile de vos facultés les plus divines ? Qu'est-ce qui excuse et défend plus facilement votre indifférence à l'égard des lignes dures du travail humain et votre tolérance à l'égard d'un système qui condamne la plupart d'entre vous à une dépendance perpétuelle, que ces traditions cultivées en mousse qui, de leur quartier choisi parmi le surnaturel et l'invisible, ne sont pas perturbées. ou intéressés par vos torts sociaux, et qui en vérité trouvent leur meilleur patronage et leur emploi le plus lucratif là où règnent le plus de misères de la vie ? C'est précisément dans la mesure où vous êtes déjà émancipés de ces illusions stériles qu'apparaît votre œuvre la plus humaine en faveur du progrès social.

Vos inspirations de bonté vous viennent comme elles nous viennent, sans la nécessité d'une révélation. Leur encouragement est plus fidèlement assuré par l'influence bienveillante qui récompense leur adoption, que par ces codes écrits parmi vous qui assument, pour des motifs douteux, leur direction et leur contrôle. Aussi sûrement que toutes les forces de la nature peuvent être attribuées à la chaleur du soleil, de même vos élans de vertu, votre héroïsme dans les bonnes actions et vos espérances spirituelles vous sont transmis à l'état germinal, sans aucun médium intercepteur, avec le première respiration de vos corps ; être amélioré, agrandi et exploité aux fins et usages de la société.

Vous retournez la surface de la Terre et en récoltez les fruits, sans jamais douter de la conjonction des forces surhumaines qui récompensent votre travail ; et pourtant, votre travail intellectuel doit tenter sa chance parmi des opportunités circonscrites qu'aucun effort combiné n'a tenté d'élargir. Vos progrès ne peuvent être qu'incertains et vos gouvernements seront toujours instables dans leurs fondements sous votre système, qui, au mieux, ne fournit guère qu'un esprit discipliné sur cent, et les acquis de celui-là aussi ne résultant que d'une impulsion individuelle spontanée. , avec, dans la plupart des cas, pas de motivations plus élevées que le gain personnel et l'avancement.

Vos champs ne manquent pas de vos attentions. Vous vous rapportez du profit en labourant minutieusement vos acres. Par votre manipulation, selon les indications de la nature, vous multipliez les propriétés vitales et procuratrices de plaisir des fruits et des fleurs de la Terre jusqu'à l' épanouissement et à l'abondance les plus extrêmes . Et pourtant, votre propre essence divine de raison et de pensée est dans un tel état de crudité générale, qu'à ce jour aucune superstition n'est trop absurde, aucun sophisme trop transparent, et aucune prétendue réforme trop mal digérée pour prendre racine et prospérer, même au plus haut point. désintégration de grandes parties de votre vie sociale. De sorte que même si l'on ne peut rien reprocher à vos progrès dans le maniement des agents matériels sous votre contrôle, l'opinion est irrésistible, de notre point de vue, que vous cultivez assidûment tout sauf vous-mêmes.

CHAPITRE XV.

NOUS possédons, comme vous, la richesse et son luxe gratifiant, mais son caractère est très différent. Ses plaisirs et ses inclinations choisis ne ressemblent pas aux vôtres. L'acquisivité n'a pas de motivations aussi déterminantes que chez vous. L'espoir d'une élévation sociale, le souci de mettre les souffrances de la pauvreté hors de portée et l'amour du pouvoir ne sont pas des éléments de notre désir de gain. En tant qu'incitation à l'accumulation de richesses, tous ces motifs sont supplantés par la seule passion démesurée pour la distinction que procure la possession, en contribuant au bien-être et au bonheur des autres. Les opportunités égales de la vie et l'absence totale de pauvreté telle que vous l'avez, avec ses misères, suppriment parmi vous l'incitation la plus fertile à l'avidité individuelle ; et la forte passion d'accumuler, que vous appelez avarice, devient chez nous, par l'unicité de ses motifs, l'une des plus nobles de nos aspirations religieuses. Tout le luxe que la richesse s'offre est partagé par tous ; et comme la nature et la forme de notre société excluent la nécessité de faire l'aumône, la charité, telle que vous l'entendez, est inconnue. La diffusion générale de l'orgueil et de l'indépendance, résultat autant de nos croyances religieuses que de nos méthodes politiques et éducatives, nous met à l'abri de ces maux d'une charité aveugle qui paralysent l'industrie partout sur la Terre, dans son stade actuel de développement. développement.

Dans notre système politique, nous avons si bien pourvu à la récompense égale et suffisante du travail, que nos besoins en animaux, si facilement satisfaits, ne manquent jamais dans les cas individuels au point de souffrir. Dans l'extrême invalidité ou autre malheur, l'assistance vient, non pas sous la forme de la charité comme vous la connaissez, mais comme le soutien anxieux et sympathique d'une famille à l'un de ses membres en détresse. Le domaine de la bienveillance dans la richesse est donc entièrement du ressort de l'éducation et de l'art ; qui, conformément à nos aspirations et croyances religieuses, prend la même forme, dans la poursuite des objectifs de la Divinité, que vos entreprises de dévotion visant à promulguer vos croyances religieuses.

Nos riches contribuent largement, par leur substance, aux fins de l'éducation, avec une philanthropie qui s'intensifie grandement par l'enthousiasme religieux gratifié par l'acte ; mais ils ne construisent pas et ne contribuent pas à nos temples de culte comme le vôtre, puisque la fréquentation de ceux-ci est non sollicitée et volontaire, et n'est qu'une simple gratification agréable de nos espoirs et aspirations spirituels. Sans formes et conditions salvatrices, comme c'est le cas pour vous, le culte dans nos temples n'est pas considéré comme ayant une conséquence pour notre bien-être spirituel. Ces centres religieux, contrairement au vôtre, n'assument aucun pouvoir pour tolérer ou faire des compromis avec le mal. Aucune conscience chargée et impure ne leur vient avec l'espoir d'être absous, pour revenir chargée de ses méfaits pour une autre purge. Aucun gros spéculateur n'apporte une partie de ses mauvais gains en guise d'expiation pour les misères infligées au cours de sa carrière avare. Il n'y a rien dans nos temples ou autour d'eux, mais la paix et la satisfaction consciente de la coopération divine dans nos efforts pour nous cultiver, et la louange et la gloire de notre propre succès forment l'esprit de notre culte.

Notre société étant sans exclusivité et l'ostentation des richesses une chose inconnue, il n'y a aucune ambition d'aller au-delà du tarif général des habitations. L'ensemble de l'îlot urbain, surmonté d'un toit unique et continu, peut être constitué d'une seule ou de plusieurs habitations, selon les revenus de ses occupants. Dans notre système foncier, le coût du loyer représente un poste si minime dans les frais de subsistance, que tous peuvent partager également leur logement et profiter également du bénéfice de nos saines dispositions sanitaires. Personne parmi nous n'habite dans une masure . Nous veillons à ce que l'environnement de tous soit uniformément agréable et confortable. Chez nous, le soupçon d'une misère invisible suffit à perturber les plaisirs de la vie. Outre les désagréables suggestions de gêne que susciterait une habitation rude et incommode, elle serait considérée par nous comme une douloureuse violation du goût et un sacrifice des possibilités de l'art.

Par conséquent, dans les limites de nos villes, vous ne trouverez aucune distinction extérieure entre nos lieux d'habitation, pour indiquer la situation financière de leurs occupants. Mais comme un pâté de maisons entier est parfois occupé par une seule famille, dont la grande fortune lui permet de jouir de ses proportions magnifiques, le luxe de la richesse qu'exigent les goûts dominants ne manque pas. L'établissement devient la fierté et le plaisir de sa localité. Conformément à tous les autres îlots de la ville, il comporte trois étages élevés. La colonne inférieure de chacune de ses façades se compose d'une série de colonnes corinthiennes avec des chapiteaux hautement ouvragés, reposant sur lesquelles, et formant l'élévation du deuxième étage, se trouvent une ligne d'arcs soutenant les murs extérieurs affleurants de l'étage supérieur. Cet étage, abondamment éclairé par sa toiture transparente, a sa surface extérieure décorée en bas-relief d'architraves et de corniches conçues dans nos styles élaborés. Chaque bloc a une entrée principale voûtée et vestibulée à chacun de ses quatre coins, sur laquelle s'élève une tour contenant une puissante lumière électrique, éclairant la nuit l'intérieur ainsi que les rues environnantes. Comme nos voies de circulation qui rayonnent à partir du centre de la ville sont droites et mieux adaptées aux affaires et aux industries, elles sont vouées à ces fins. Par conséquent, sur les rues circulaires ou concentriques se trouvent la plupart de nos habitations ; les plus choisis, quant à leur emplacement, sont ceux qui donnent sur les parcs, qui, comme je vous l'ai déjà fait comprendre, circonscrivent à intervalles réguliers chaque quartier de la ville. C'est donc dans ces façades convexes ou concaves, situées sur les lignes opposées de la ceinture du parc, que se trouvent le plus souvent les demeures de la richesse.

Vous découvririez l'ensemble d'un de ces bâtiments, à l'exception de son étage intermédiaire, consacré à l'usage du public, et contenant au premier étage un certain nombre de salles de classe affectées à un système d'enseignement avec lequel vos jardins d'enfants présentent quelque similitude, et quelques autres dans lesquels les savants ont progressé jusqu'à un grade supérieur. Le caractère de l'enseignement serait indiqué par les appareils et instruments de l'industrie visibles partout, par l'utilisation intensive de ceux-ci à intervalles par les classes, et par la fierté et l'émulation des savants, dans leurs efforts luttant pour acquérir l'habileté dans leur manipulation. Dans une autre pièce, vous trouviez une classe plus petite, les protégés spéciaux du propriétaire, composés de quelques-uns qui, par les premières manifestations d'une promesse inhabituelle, étaient aidés dans leur poursuite d'une branche quelconque de la science ou de l'art.

En dehors de ce département d'enseignement, vous trouverez une vaste bibliothèque, avec ses annexes de salle de lecture ingénieusement aménagées pour plus de commodité, et un grand appartement, généralement au centre du bâtiment, bien éclairé par le toit, dans lequel étaient rassemblés les trésors d'art, et auquel a été prodigué par son propriétaire ce penchant pour le beau qui lui convient en tant que membre de notre société.

L'étage supérieur est une salle de réunion publique pour les occasions de réjouissance et de plaisir, et est orné de statues, de fontaines et de plantes en fleurs. Ce grand appartement est si tempéré de chaleur par les appareils bon marché de notre municipalité, qu'il devient un jardin d'hiver pendant nos longues et intempéries saisons, lorsque les parcs sont calmes et glacés.

L'un de ces établissements vous suggérerait une estimation exagérée de la richesse de son fondateur. Dans la plupart des cas, ses revenus ne dépassent guère le soutien de cette entreprise. Dans son rêve de richesse , il a réalisé l'espoir de son ambition, et il s'arrête là.

Votre passion d'accumuler au-delà de vos compétences, sans but autre que le désir d'accumuler, est le rejeton de cet instinct chez la brute carnivore, qui le pousse à refuser à ses semblables affamés toute partie de sa carcasse capturée, dont il ne peut pas obtenir le dixième. consommer. Cet héritage bas et brutal de l'avidité ne peut être mieux réprimé dans votre société que parce que vous avez négligé de remédier entièrement, par vos méthodes politiques, à la manière généralement précaire avec laquelle vos besoins animaux et intellectuels sont satisfaits. La souffrance est désormais tout aussi proche d'un échec dans vos luttes pour votre subsistance, que lorsque vos chasseurs vêtus de peau ont échoué dans leur gibier.

Votre passion d'acquérir et de détenir est intensifiée et brutalisée dans son manque de respect pour les conséquences pour autrui, par le grand nombre de nécessités artificielles qui ne peuvent être atteintes dans votre société que par une accumulation considérable d'argent, dont le manque implique une dégradation et un sacrifice. de nombreuses choses qui sont devenues chères à la vie. Chaque ajout à l'épargne éloigne encore plus cette condition redoutée de votre civilisation, connue sous le nom de pauvreté. Le caractère insatiable de l'accumulation n'est pas sans rappeler le motif de prudence excessive d'un vagabond qui, terrorisé par l'apparition d'un animal redoutable sur son chemin, augmente sa distance en fuyant bien au-delà de toute approche possible de la présence dangereuse.

Votre quête effrénée de la richesse, au-delà de toute limite raisonnable pour obtenir les objets de votre désir, est également motivée par les remarquables opportunités qu'offre sa possession pour s'approprier les revenus de l'industrie. La capacité de votre richesse à absorber et à contrôler les fruits du travail existe dans un rapport géométrique d'augmentation avec la plus grande richesse employée, et le goût du pouvoir autrefois ressenti est rarement apaisé, mais augmente avec chaque ajout d'argent. Selon vos lois favorables, cela peut s'étendre au privilège d'un seul individu exigeant la totalité des excédents de gains d'une armée de travailleurs occupés.

À travers des siècles de législation et d'usages , vous avez établi divers procédés par lesquels la richesse est en mesure d'extraire une part indue des revenus de l'industrie. Parmi ces processus, on peut citer les taux d'intérêt sur l'argent adaptés aux besoins des emprunteurs, les loyers évalués par la capacité de payer des locataires, les approvisionnements monopolistiques dont les prix sont fixés juste en dessous du point d'abstinence contrainte, les variations de la valeur des moyens d'échange, avec d'autres agences non réprimées promouvant un changement fréquent de valeurs en faveur des opportunités du capital et de la détresse du travail ; d'énormes agrégations de richesses renversant les lois de l'économie en augmentant le prix des produits de première nécessité d'un côté et en faisant baisser les salaires du travail de l'autre ; et plus réussi que tout, un système de propriété foncière qui permet aux détenteurs de la surface de la Terre, en plus de leur privilège d'exiger une grande partie des bénéfices de l'industrie en rente, un droit supplémentaire à empocher, sous la forme de valeurs appréciées de leurs terres, une part non méritée des fruits collectifs des industries qui les entourent.

Nos conceptions divergentes de l'existence sont illustrées par le soin que nous avons pris pour assurer une division plus équitable des produits de l'industrie. Chez nous, la propriété est le moyen, et non la fin, au-delà duquel il existe un certain nombre de réalisations dans la vie incomparablement plus désirables et bénéfiques pour la société, et notre législation a été principalement orientée vers le soin et la culture de ces réalisations. Le grand but de notre gouvernement a été de pourvoir au bien-être des personnes, tandis que l'on peut dire du vôtre que la plus grande attention a été consacrée au bien-être de la propriété ; par quoi on entend sa protection et son augmentation, indépendamment de la manière de sa distribution, ou des méthodes douteuses de son extraction des énergies du travail. En poursuivant cette politique, vous ne faites que perpétuer, sans grand changement, vos conditions primitives, lorsque le bras fort rassemblait la plus grande partie des richesses. Vos instincts de naissance ne semblent pas suffisamment évolués pour coopérer à une entreprise qui prive les forts d'avantages sur les faibles ; et la conséquence malheureuse est une société si mercenaire que l'estimation générale parmi vous ne se fonde pas sur une qualité qui indique une proximité avec la Divinité, mais principalement sur les froids calculs numériques des attachements de propriété.

L'unité de nos intérêts spirituels et temporels exige que tout acte gouvernemental soit religieux. L'esprit de bonté et de charité envers tous, qui est la seule partie digne de vos religions, nous l'avons pris pour fondement de tous nos actes publics et en avons fait la pierre angulaire du gouvernement lui-même. Notre législation, si l'on peut appeler ainsi le simple assentiment aux mesures recommandées, considère d'abord le bien-être des personnes constituant l'ensemble, auquel doit se substituer tous les intérêts possibles. Et le bien-être des personnes, à notre point de vue politico-religieux, dépend des récompenses appropriées et équitables de l'industrie ; leurs chances égales d'acquérir des connaissances; un encouragement de leur moralité par une reconnaissance de leurs vertus, qui en fait le tremplin nécessaire à leur avancement ; et l'élimination de toute forme sociale qui établit un sentiment d'infériorité, détruit l'orgueil de soi et institue ce sentiment de dégradation qui est la source la plus prolifique du mal dans la société.

Il est facile de constater votre tendance dans ces directions. L'institution barbare de la force et la peur qui l'accompagne, en tant qu'agents de gestion et de contrôle des hommes, sont progressivement éliminées de tous vos gouvernements progressistes, et les meilleures méthodes d'assentiment et de coopération entrent dans leur œuvre salutaire d'émancipation. La connaissance se répand parmi vous, non plus comme un dessert réservé à quelques tables privilégiées, mais comme un plat principal pour les appétits nouvellement acquis du plus grand nombre. Le glamour de votre richesse et le caractère impressionnant de votre religion perdent leur respect révérencieux, la lumière focalisée étant dirigée sur leurs origines douteuses. Vous avez inauguré le début d'une foi nouvelle, avec de meilleurs fondements spirituels, non pas en condamnant le monde et sa société, mais en l'aimant, en suivant les traces de la présence divine dans ses limites, en prenant la main dans ses affaires et en les dirigeant vers les meilleures possibilités en vue.

Ah, mon frère, la venue de ton Messie a été à la fois plus et moins grande que ce que tu imaginais. L'ère des choses nouvelles et meilleures dans le développement social est précédée par le déclin progressif des vieilles convictions, qui ont fait leur temps et ne sont plus utiles, sauf à leur place dans le catalogue des traditions pour marquer les progrès de la pensée.

La société assume ses croyances sous une impulsion de progression, autant contrôlée par les lois de l'évolution que les substances organiques de la Terre. Personne ne peut enseigner au monde. Par le libre exercice de sa faculté intellectuelle, il s'enseigne. Le pouvoir d'une idée, parmi les forces morales, réside dans sa correspondance avec un stade de développement approprié pour la recevoir. Une pensée solitaire est inutile, en tant qu'agent moral, sans ses fictions à moitié formées déjà existantes et dispersées dans la société. Son pouvoir de mouvement réside dans la coalescence de ses parties. Des idées et des croyances ont été adoptées à différentes étapes de votre civilisation et ont servi de grands moteurs de progrès qui, bien avant, étaient énoncées sans impression. La société se débarrasse de ses impressions et croyances rudimentaires, de la même manière qu'un animal, dans un environnement changeant, se débarrasse de ses anciens organes et en développe de nouveaux. Toute nouvelle croyance affectant la société lui est soumise et n'est adoptée que lentement et progressivement. S'il s'agit d'une vérité qui fait son chemin, son installation finale est marquée par un acquiescement incontesté et une tranquillité intacte. Si une erreur, agitation et troubles marquent toute la période de son avènement.

La venue de votre Messie a été plus grande que vous ne l'aviez supposé, car l'intronisation de deux idées centrales a été plus grandiose et plus imposante que ses prétendus surnaturalismes. L'une était l'adoption du sentiment de fraternité comme moyen d'ajuster les relations des hommes entre eux, et l'autre était l'inauguration de l'espérance spirituelle comme guide dans les actions de la vie. De ce début est né tout ce qu'il y a de bon dans votre progrès social. L'acceptation générale de ces idées, en tant qu'agents de votre civilisation, a commencé son œuvre en affaiblissant l'ancienne société, et elle l'a finalement détruite en éteignant les liens de force physique qui la maintenaient ensemble. La culture de ces croyances inspirantes dans leur pureté, telles qu'elles vous ont été conférées par l'intelligence divine, vous aurait bientôt apporté la même paix et la même bonne volonté qu'elles ont répandues sur les habitants de Mars ; mais vous ne deviez pas vous livrer si tôt à cette heureuse offrande. Les quelques-uns qui dominaient la masse depuis des siècles, s'appropriant leurs gains et même sacrifiant leur vie, dans une soif de pouvoir et de richesse, ne devaient pas laisser échapper une si belle opportunité de retenir les simples d'esprit par une nouvelle agence. dix fois plus asservissante que l'ancienne méthode de coercition par la force. La superstition religieuse de l'époque, simple diversion pour la multitude inculte, inerte et peu prometteuse, a été vitalisée par l'infusion de ces impulsions nouvelles, humaines et spirituelles ; et, avec de nombreux surnaturalismes ingénieusement conçus et un code moral attrayant, il a été construit en un système et organisé en une société qui a supporté son lourd poids sur votre progrès et a étendu sa domination avec plus de succès que les légions guerrières qu'elle a créées. supplanté. Il n'a accompli aucun bien qui ne soit entièrement dû à l'expansion irrésistible des vérités qu'il s'est approprié au début du processus évolutif de développement social de la nature, à savoir le respect les uns des autres, en tant que guide dans toutes les actions de la vie. et cette espérance éternelle qui spiritualise et élève notre existence.

La venue de votre Messie a été moindre que vous ne l'aviez cru, parce que vous avez pris une personnalité dans laquelle se manifestait le génie des doctrines avancées et salutaires, pour une partie et la présence de la Divinité elle-même. De même que la promulgation de pensées conçues sous l'inspiration et la pression d'une force naturelle dans le processus de développement social est moindre que la terrible présence et la communication verbale de la Divinité, de même, dans la même mesure, la venue de votre Messie était moins importante. .

Mais tu auras une seconde venue, mon frère, non perverti par le métier de tes voyants, et non contaminé par les superstitions d'une société grossière comme la première. Ce sera de vous et une partie de vous, vous élevant à une plus haute estime de vous-mêmes, vous glorifiant comme les ancêtres de tout bien, selon une loi divine et irrésistible d'amélioration. Cela vous soulagera des mauvaises pensées qui vous ont condamné et dégradé. Le nouvel espoir, comme une force nouvellement découverte, poussera dans toutes les directions, dans l'exercice de son œuvre salutaire. Au lieu de discours et d'exhortations aux humbles et aux opprimés, avec des promesses aussi impossibles à nier qu'à vérifier, il les relèvera par la main ferme d'une meilleure méthode sociale. Comme lors de la première venue, son image symbolique sera gravée dans les monuments, reproduite dans tous les départements d'art et chérie comme le principal rappel de vos devoirs et obligations envers la Divinité. Ce ne sera pas un symbole d'angoisse et de chagrin, comme le premier, mais à sa place LA FIGURE DIVINE D'UN HOMME FORT SOUTENANT ET ENCOURAGEANT UN FAIBLE. Oui, mon frère, tu auras un deuxième com...

Qu'est ce que tout ca? Je me lève sur mon canapé. Le soleil est levé depuis une heure. Par ma fenêtre, j'aperçois un groupe curieux, émerveillé par mon retard. Mes vaches s'attardent pendant leur traite et poussent leurs plaintes dans un doux meuglement. Mes cerfs de compagnie se tiennent debout avec leurs grands yeux étonnés fixés sur moi, et l'apparition de mon visage à la vitre a attiré vers moi tout mon troupeau de volailles agité et agité, impatient de leur nourriture du matin. Je regarde vers le fauteuil et il est vide. Mon visiteur céleste est parti.

NOTE DE BAS DE PAGE:

[A] Développement intellectuel de l'Europe de Draper.